LIBRE de RELACIONES TÓXICAS

Libre de relaciones tóxicas.
Descubre la ruta hacia relaciones desde el amor propio, conscientes y saludables.
Joanaina Barceló
Primera edición España, Julio 2024
© Copyright 2024
Todos los derechos reservados
formacionaunclic.com

La publicación de esta obra puede estar sujeta a futuras correcciones y actualizaciones por parte de la autora, así como son de su responsabilidad las opiniones que en ella se expresen.

Quedan prohibidas, dentro de los límites establecidos por la ley y bajo las prevenciones legalmente previstas, la reproducción total o parcial de la obra por cualquier medio o procedimiento ya sea electrónico o mecánico, el tratamiento informativo, el alquiler o cualquier forma de cesión de la obra sin autorización escrita de los títulos y del copyright.

LIBRE DE RELACIONES TÓXICAS

"Las relaciones saludables son como la música de una orquesta bien afinada; cada nota resuena en armonía, creando una melodía que enriquece el alma y eleva el espíritu."

Joanaina Barceló

LIBRE DE RELACIONES TÓXICAS

Introducción

Sobre este libro

En un mundo donde las relaciones personales moldean nuestras experiencias y bienestar, comprender y navegar en las dinámicas de una relación puede ser tanto un desafío como una oportunidad de crecimiento. Este libro no pretende ser una terapia formal ni un método científico exhaustivo. Mi intención es mucho más sencilla y cercana: quiero ofrecerte un faro de luz que te ayude a identificar las señales de alerta y los posibles hábitos disfuncionales que puedan estar presentes en tus relaciones.

He dedicado mi vida profesional a entender y abordar los aspectos más complejos de las relaciones humanas, trabajando mano a mano con personas que han confiado en mí para guiar su camino hacia vínculos más saludables y satisfactorios. A través de estas experiencias, he aprendido tanto como he enseñado, y ahora quiero compartir ese conocimiento contigo.

Este libro está diseñado para ser una herramienta práctica y accesible. No busca diagnosticar ni tratar, sino ayudarte a tomar conciencia de por qué algunas cosas te suceden o por qué puedes estar repitiendo patrones inconscientemente. Con este conocimiento, podrás dar los primeros pasos hacia relaciones más conscientes y saludables.

Para aquellos de ustedes que trabajan en el campo del desarrollo personal, espero que estas herramientas probadas también les sean útiles en su práctica profesional. Mi deseo es que, al aplicar lo que aquí comparto, puedan acompañar a sus clientes en su propia transformación, llevando a otros hacia un futuro más equilibrado y feliz.

Gracias por permitirme ser parte de tu viaje. Estoy aquí para acompañarte, con humildad y gratitud, esperando que este libro te sirva tanto como ha servido a otros.

Con amor y gratitud,
Joanaina.

LIBRE DE RELACIONES TÓXICAS

Agradecimientos

En las primeras luces del amanecer de este sueño hecho realidad, mi corazón se desborda de gratitud. Cada palabra escrita, cada idea plasmada, ha sido posible gracias a un círculo de amor, apoyo y fe inquebrantable en mí y en mi visión.

A Xisco, mi compañero de vida, mi faro en la noche y mi calma en la tempestad. Tu amor y apoyo incondicional han sido mi aliento y guía en esta ruta que hemos ido creando juntos, impulsándome a perseguir este sueño con pasión y determinación. Sin ti, el viaje no habría sido tan dulce ni el destino tan gratificante, por nuestro gran proyecto de vida y nuestro amor inquebrantable.

A mis padres, por vuestra paciencia infinita y vuestro amor incondicional. Habéis soportado mis ausencias en momentos clave, renunciando a planes y tiempo juntos para que yo pudiera llevar este proyecto a buen puerto. Gracias por vuestra comprensión y apoyo.

A mis hijos e hijas Margalida, Francesc y Victòria, por enseñarme lo que es el amor maternal, el cariño eterno y vuestra existencia ha sido el regalo más grande.

A mi nieto Joan, que me ha robado el corazón, y con el que he aprendido una nueva forma de relación y de amor, mostrándome otra versión de mí.

Al padre de mis hijos, por todos los años compartidos y por dejarme crecer y seguir mi camino, por su amistad incondicional, desde que tan solo eramos unos adolescentes y tras media vida compartida.

A Marielys Ávila, Virginia Hidalgo, mis mentoras de negocios, cuya sabiduría y experiencia han sido mi brújula en mi proceso y en mi camino. Su confianza en mí ha sido un regalo invaluable, y su apoyo un pilar fundamental en este viaje.

A mis queridas alumnas, las valientes mujeres que han participado en las primeras ediciones de mi certificación y a las que continúan sumándose a esta aventura. Vuestra confianza, vuestros aprendizajes y vuestras historias son la verdadera esencia de este proyecto. Sois la razón por la que escribo, la inspiración detrás de cada palabra.

A Luisany Tronconis y Victor, cuyo compromiso y apoyo inquebrantable en el desarrollo de mi marca personal han sido cruciales. Vuestra habilidad, dedicación y entusiasmo son esenciales en cada paso que doy y que he dado.

Y, finalmente, a mí misma. Por no decaer en los momentos complicados, por mantener una actitud positiva y constante, y por no perder jamás la fe en mi capacidad para superar obstáculos y alcanzar mis metas. Este proyecto es testimonio de mi perseverancia y de mi pasión incansable.

Este libro es más que una colección de páginas; es un mosaico de esfuerzos, sueños y esperanzas compartidas. A todos ustedes, mi más profundo agradecimiento.

Con amor y gratitud,
Joanaina.

Prólogo

Sanando relaciones tóxicas

Las relaciones son una parte esencial de nuestra vida. Nos relacionamos con familiares, amigos, compañeros de trabajo y parejas románticas. A través de nuestras relaciones, podemos encontrar alegría, amor y apoyo. Sin embargo, los vínculos que creamos a lo largo de nuestra vida también pueden ser fuentes de dolor, sufrimiento y trauma. Cuando las relaciones se vuelven tóxicas, pueden afectar negativamente nuestra salud mental y emocional.

En este libro, exploramos las emociones que nos hacen sentir las relaciones tóxicas y cómo podemos sanarlas. A través de historias personales, consejos prácticos y estrategias efectivas, aprenderás cómo identificar las señales de una relación tóxica y cómo superar las emociones negativas asociadas con ellas.

Descubrirás cómo comunicarte de manera efectiva y establecer límites saludables en tus relaciones, y cómo sanar tus heridas emocionales para que puedas seguir adelante y construir relaciones más saludables, conscientes y libres en el futuro.

En lugar de culpar a los demás por las relaciones tóxicas, este libro se centra en cómo puedes tomar el control y cambiar tu propia vida. Aprenderás a reconocer tus patrones de comportamiento y pensamiento, y cómo pueden estar contribuyendo a relaciones poco saludables. También descubrirás cómo aumentar tu autoestima y autoconocimiento, y cómo usar estos recursos para establecer relaciones más sanas.

Libre de Relaciones Tóxicas es un libro que te guiará en el camino hacia la recuperación emocional y la curación de las relaciones dañadas. A través de su lectura, descubrirás que no estás sola en tu lucha y que hay esperanza para una vida mejor.

Este libro es para aquellos que están dispuestos a mirar dentro de sí mismos, asumir la responsabilidad por sus acciones y emociones, y hacer cambios positivos para mejorar su vida y sus relaciones mientras exploran sus emociones para ser Artífices de vínculos saludables.

Esta obra, busca ahondar en los conceptos clave que son fundamentales para comprender y abordar las relaciones tóxicas. Como por ejemplo:

Relaciones tóxicas: Este término se refiere a una relación interpersonal en la que una o ambas personas se dañan emocionalmente de manera recurrente. Las relaciones tóxicas pueden manifestarse de diferentes maneras, como la falta de respeto, el control, la manipulación, la violencia emocional o física, entre otras.

Autoestima: La autoestima se refiere a cómo una persona se valora a sí misma. En una relación tóxica, la autoestima de una persona puede verse afectada negativamente por el comportamiento dañino de su pareja. La baja autoestima puede hacer que una persona tolere o justifique comportamientos abusivos, o incluso puede llevar a culparse a sí misma por la situación.

Comunicación efectiva: La comunicación efectiva es crucial para cualquier relación saludable. En una relación tóxica, la comunicación suele ser ineficaz o incluso destructiva, lo que puede empeorar la situación. Aprender a comunicarse de manera clara y respetuosa es esencial para sanar una relación tóxica.

Límites: Los límites son las fronteras que establecemos para proteger nuestra propia salud y bienestar emocional. En una relación tóxica, puede ser difícil establecer y mantener límites saludables, lo que puede conducir a una mayor vulnerabilidad emocional y física. Aprender a establecer y mantener límites claros y saludables es esencial para sanar una relación tóxica.

Responsabilidad personal: Cada persona es responsable de sus propias acciones y emociones en una relación. En una relación tóxica, es común que ambas partes se culpen por la situación. Aprender a asumir la responsabilidad personal por nuestras propias acciones y emociones puede ayudar a sanar una relación tóxica.

Perdón: El perdón es un proceso personal que implica liberar sentimientos y emociones negativas hacia alguien que nos ha dañado. En una relación tóxica, puede ser difícil perdonar a esa persona por el daño que nos ha causado. Sin embargo, el perdón puede ser una herramienta poderosa para sanar una relación tóxica y avanzar hacia un futuro más saludable.

Terapia: La terapia es un recurso útil para cualquier persona que esté tratando de sanar una relación tóxica. Un terapeuta puede ayudar a las personas a comprender sus patrones de comportamiento, a aprender habilidades de comunicación efectiva y a establecer límites saludables en su relación.

Sobre la autora

Joanaina Barceló

Joanaina Barceló es Educadora social, mediadora familiar y coach especializada en autoestima, relaciones de pareja y dependencia emocional. Creadora del Método DASAC para ser Libre de relaciones tóxicas, CEO de la Academia Actitud a un clic y del Podcast Pensado en femenino.

Con más de 20 años en el ámbito de los servicios sociales, educación y formación, ha dedicado su vida a ayudar a quienes más lo necesitan como Diplomada en educación social y Experta en mediación familiar en los servicios sociales del Consell de Mallorca, donde forjó su experiencia en mediación con adolescentes en conflicto social y reforma con familias desestructuradas y mujeres que han sufrido violencia de género.

Además, creó su propia escuela infantil y la terapia especializada en parentalidad positiva, con la misión de acompañar a los padres y madres a ejercer una parentalidad responsable, respetuosa y amorosa con sus hijos.

Forma parte de los mediadores familiares del centro de investigación de la Universidad de las islas Baleares, por lo que ha apoyado a cientos de personas con sus servicios de orientación y mediación familiar, trabajando no sólo con menores, sino también con personas con discapacidad, apostando por la equidad y la inclusión sociolaboral.

En este ámbito, también se desempeña como formadora para el empleo y tutora online de acciones formativas acreditada por el Servicio de ocupación de las Islas Baleares. Para ello, ha realizado un Máster en educación e-learning y nuevas tecnologías.

Se ha desarrollado en diferentes disciplinas, y es Magister en coaching, accountability e inteligencia emocional y en psicología infantil, especializada en trastornos de conducta a través del apoyo conductual positivo e intervención cognitivo-conductual.

Además, es Técnica superior en educación infantil y ha realizado diversos cursos de especialización, entre ellos: Técnicas didácticas y pedagógicas, Enfoque intercultural en orientación y educación, Formación sobre discapacidad y enfermedades mentales y Formación en

LIBRE DE RELACIONES TÓXICAS

habilidades sociales y resolución de conflictos.

Si quieres conocer un poco más sobre este espíritu libre, aventurero y emprendedor puedes visitar su página web y descubrirlo. Para ello, escanea el siguiente código QR.

"Las páginas de este libro son un viaje hacia el amor genuino, donde las cadenas de las relaciones tóxicas se rompen, dejando espacio para que florezcan corazones liberados y fortalecidos."

Joanaina Barceló

Índice

Introducción	5
Agradecimientos	9
Prólogo	13
Sobre la autora	19
¿Qué es una relación tóxica?	29
Tipos de relaciones tóxicas	51
Preguntas poderosas para identificar comportamientos tóxicos	72
Entre las luces y sombras del amor: Un viaje a través de sus fases	89
Preguntas reflexivas sobre el amor	97
¿Por qué nos involucramos en relaciones tóxicas?	101
Un Espejo Roto: La relación con nosotras mismas	106
La necesidad de cuidar y la trampa de las relaciones tóxicas	111
Consejo para despertar tu propio valor	115
Explora tu autoestima y patrones de cuidado	116
¿Cómo evitar las relaciones tóxicas?	126

Identifica a una pareja narcisista	128
Explorando los patrones de conducta que nos mantienen en relaciones tóxicas	131
Estableciendo relaciones saludables	134
Herramienta de autoevaluación	143
El arte de cultivar relaciones saludables: Transformando lo tóxico en tesoros	153
La esencia de una relación saludable	154
Herramienta para resolver conflictos y mejorar la comunicación	161
Comunicación efectiva	165
Establecimiento de límites saludables	166
Herramienta "Conexión Consciente"	171
Los hilos invisibles del vínculo: La ciencia de las relaciones saludables	177
Descubre si tu relación está en camino hacia la salud	180
El rol fundamental de las coaches de relaciones tóxicas	189

"En cada paso hacia una relación saludable, estamos sembrando las semillas del amor, la confianza y el respeto, construyendo un jardín de conexiones auténticas que florecerá en un vínculo duradero y lleno de felicidad."

Joanaina Barceló

LIBRE DE RELACIONES TÓXICAS

CAPÍTULO 1

En el abrazo del amor auténtico, las cadenas del pasado se quiebran, liberando un camino hacia la plenitud, donde las almas sanan y renacen.

¿Qué es una relación tóxica?

En el intrincado tejido de las relaciones humanas, las relaciones tóxicas representan un patrón perturbadoramente común. Estas relaciones, caracterizadas por comportamientos destructivos, manipulación emocional y un desequilibrio de poder, pueden manifestarse en cualquier ámbito: romántico, familiar, laboral o amistoso. Su impacto va más allá del universo personal, afectando la salud mental, el bienestar físico y la calidad de vida de quienes están expuestos a ellas.

Según un estudio realizado por la Universidad de Columbia en 2021, aproximadamente el 60% de las personas han experimentado al menos una relación tóxica en su vida. Este dato no solo resalta la prevalencia de estas dinámicas, sino también la necesidad urgente de abordarlas. ==Las consecuencias de permanecer en una relación tóxica pueden ser devastadoras, incluyendo trastornos de ansiedad, depresión, y una disminución de la autoestima.==

Hoy en día, la palabra "tóxico" se usa mucho en diversas ocasiones y ante determinadas circunstancias que sugieren ser dañinas o destructivas, pero dentro de una relación sea de amistad o de pareja, cuando usamos la palabra "tóxica", es para describir un vínculo disfuncional y dañado, ya que una de las partes o ambas están ejerciendo dolor, daño y malestar a la otra parte.

Dentro de las relaciones tóxicas existen varios tipos, y como he dicho al principio, una relación tóxica no es necesario que tenga que ser de pareja, a veces nos encontramos en nuestro entorno a personas que nos dañan emocional o psicológicamente, y que puede ser un jefe que no nos valora y nos menosprecia y que impone desde el abuso de poder, o pueden ser compañeros de trabajo, amistades, incluso dentro de nuestra familia, ya que puede ser una madre tóxica.

Te voy a dar un ejemplo de relación tóxica para que puedas hacerte una idea más clara de los tipos de relaciones tóxicas que existen, aunque a lo largo del libro nos centraremos más en las relaciones tóxicas dentro de la pareja.

Desenmascarando las relaciones tóxicas

Antes de continuar, quiero agradecerte por estar aquí. Sé que se trata de un gran reto el hecho de tomar la decisión de sanar y reparar un vínculo dañado, pese a que eso te saque de una falsa zona de confort, la cual, en muchas ocasiones nos sofoca sin darnos cuenta. Eres valiente, eres resiliente, y te admiro por ello.

Lo que iniciaremos ahora es una travesía de autoconocimiento y empoderamiento. Permíteme asumir el rol de guía, de mentora.

¿Lista para identificar estos patrones?

El caso de Silvia

Conoce la historia de Silvia, una joven con un futuro prometedor, cuya vida dio un giro inesperado al caer en las garras de una relación tóxica. Si pensabas que los dramas de Hollywood eran intensos, te aseguro que Silvia vivió un torbellino de emociones que la llevó a cuestionar su valía y su lugar en el mundo. Su relación parecía más un juego de ajedrez emocional que un romance.

Recuerdo el caso de Silvia, una mujer con 4 hijos que recibió maltrato emocional y en algunas ocasiones, —aunque afortunadamente fueron pocas—, también maltrato físico. Ella "aguantaba" por sus hijos, para que no les faltara de nada; esta siempre suele ser la excusa más común para no salir de este tipo de relaciones, hasta que tomó la fuerza suficiente para salir de allí. Se lo comunicó a su madre, en busca de ayuda, pero desgraciadamente no le hizo caso, le dijo que debía saber resolver sus problemas en casa, "que ya era mayorcita", y que se preocupara por atender a sus hijos y a su marido como es debido. Tras escuchar a su madre, su referente y máxima autoridad, no hizo otra cosa más que asentir y continuar con la vida que ella había "elegido", tragándose el profundo dolor que le causaba cada humillación, destrato y falta de respeto de su marido.

Como te habrás dado cuenta, un comportamiento también muy machista (y tóxico) fue el que tuvo su propia madre, quien en vez de apoyarla le tiró tierra, hizo que su miedo a salir de ahí volviera a apoderarse de ella.

El miedo, peligroso, la llevó a creer que era ella la culpable, que tal vez no estaba siendo una buena esposa, que quizás era egoísta y le estaba quitando a sus hijos la posibilidad de criarse en una familia "bien constituida", con un padre presente, pese a que aquel hombre, además de constituir una figura ausente para los hijos, representaba un peligro inminente para su esposa.

No era agradable tener a "papá" en casa, había discusiones entre la pareja que, por supuesto, acababan repercutiendo en el comportamiento de los hijos, de hecho, uno de ellos tenía trastorno del desarrollo asociado con un patrón continuo de falta de atención e hiperactividad y acababa repitiendo el mismo modelo de actitudes físicas y verbales de su padre. Incluso, en una ocasión agredió a su madre cuando ella le estaba corrigiendo una de esas actitudes de contestar con malas palabras e insultos; en ese momento, el otro hijo —un adolescente fornido— se abalanzó contra su hermano para que este no le hiciera daño a su madre, y el resultado fue terrorífico: un parte en el hospital por lesiones, una denuncia a fiscalía de menores, la retirada de los hijos más pequeños hacia un centro de primera acogida, una orden de alejamiento del hijo mayor hacia sus hermanos —que por ser en ese momento aún menor, tuvo que cumplir con una medida judicial de libertad vigilada—.

Una vez, en las visitas se estaba estudiando la posibilidad de que fuera la abuela materna la que tuviera la custodia de los niños, además, con la casuística que a nivel intelectual por falta de estímulos positivos tenían un retraso madurativo, especialmente Luís, quien tenía TDAH y trastorno de conducta, se complicaba más su situación.

Tanto la abuela como la madre tenían visitas semanales supervisadas, y, en las últimas visitas acercándose ya las navidades, la abuela empezó a mostrarse más disruptiva, insultando y chillando dentro del centro delante de los niños, diciendo que se los habían robado, que era injusto que estuvieran allí "sus niños" porque sus padres no supieron ser buenos padres, pero a "sus niños" ella se los iba a llevar con malos modales por estar en la institución.

Frente a esta situación, el psicólogo, quien estaba observando, se dió cuenta de que Silvia se sentía incómoda ante los gritos y reclamos de su madre, y que se estaba poniendo nerviosa y le faltaba el aire, por eso la apartó y trató de tranquilizarla.

Durante los días siguientes trabajamos con Silvia, la mamá de los niños. Hicimos hincapié en su conexión con ella misma, para que pudiera conectarse con su fuerza y confianza interior. Empezamos a trabajar también la parentalidad positiva y su plan de acción para encontrar un trabajo y ayudar a su hijo en su conducta.

También pusimos el foco en la relación con su mamá y en que aprendiera a poner límites para que las acciones, actitudes y palabras de su madre no le influyeran tan negativamente al punto de anularla.

En este punto, me parece sumamente importante remarcar el protagonismo que tiene cada persona que forma parte de nuestras vidas. La capacidad para construirnos y destruirnos que puede tener una palabra, un gesto, una acción por parte de un colega, un amigo, un hermano, un padre, una pareja o cualquier persona que es capaz de influenciarnos.

Por ello es tan importante el saber poner límites ante personas tóxicas, sea la pareja o sea un familiar y sin sentirnos culpables.

Aunque a Silvia le costó aceptar que su madre era una persona tóxica, no hizo falta que se lo dijera alguien externo, ya que ella misma lo sabía en su interior, pero es doloroso pensar que quien te crió, quien te ayudó a dar los primeros pasos, en quien deberías poder confiar, la que tendría que ser un soporte y fuente de protección y amor, te sabotee, te denigre y no te apoye.

Una madre tiene que poder decirle las cosas a su hijo desde el respeto, puede estar equivocada, no es perfecta, puede hablar desde sus propia vivencia y frustraciones, desde sus propios aprendizajes y limitaciones, pero siempre el punto de partida será el amor, la empatía, y el apoyo incondicional, aun no estando de acuerdo.

Cuando una madre te reprocha, te critica, te exige y nunca te ve suficiente por mucho que te esfuerces, eso se trata de una relación dañina y tóxica basada en el menosprecio y la manipulación, y, por tanto, lo mejor es alejarse de esa persona, a pesar de que te invada la sensación y el sentimiento de culpa, debido al rol que esta ocupa en tu vida.

Incluso, muchos llegarán a cuestionarte y a pensar que eres tu la persona mala, equivocada, a preguntar cómo puedes apartar a tu madre de tu vida, pero si te duele y te hace sentir mal su presencia, lo que te dice, si te vas con la sangre envenenada, si es un vampiro de energía, es importante para tu salud mental ir gradualmente poniendo límites en cuanto a tus tiempos y espacios, programando menos visitas y encuentros más cortos.

Por supuesto, no propongo que elimines a tu madre de tu vida si fuera este tu caso, pero sí que te demuestres a ti misma cuál es tu prioridad y que, justamente por amor y respeto propio, te alejes de ese vínculo dejando en claro que estarás presente en aquellas circunstancias en las que eres vital, pero que apartarás tu presencia de aquellos ambientes donde no fluyes o no eres validada.

Cuando tomamos este tipo de decisiones, lejos de sentirnos mal, tristes o culpables, es importante aprender a destacar cuando elegimos las opciones que más cerca están de nuestro auto-respeto, amor propio y de la versión de nosotras mismas que queremos construir.

Recuerda que todo acto de amor propio es en pos de mejorar tu salud mental y emocional, que claramente también impacta en la física.

Cuando no sabes cómo ponerte como prioridad, se ve afectado todo lo demás, tu valía, tu autoestima, la confianza en ti, y esta, a su vez, repercute en tu estado de ánimo, en cómo te comportas entre tu entorno y se convierte en un círculo vicioso un bucle.

Las relaciones pueden ser fuente de gran felicidad y satisfacción, pero también pueden transformarse en una fuente de dolor y sufrimiento. A menudo, las personas se sienten atrapadas en relaciones tóxicas que les hacen sentir miserables, sin saber cómo salir de ellas o cómo mejorarlas. Justamente, la misión de este libro es explorar cómo sanar relaciones tóxicas y crear vínculos saludables y satisfactorios. Pero para ello, vamos por el principio:

¿Qué entendemos por una relación tóxica?

Una relación tóxica es aquella en la que una o ambas partes se ven afectadas negativamente. En una relación tóxica, una persona puede sentirse desvalorizada, manipulada, abusada o controlada. Estas relaciones pueden ser físicas, emocionales, psicológicas o sexuales, y pueden tener lugar en cualquier tipo de vínculo, ya sea romántico, amistoso, laboral o familiar.

¿Cómo identificar una relación tóxica?

A veces, puede ser difícil identificar una relación tóxica, especialmente si la persona ha estado en ella durante mucho tiempo. Aquí hay algunos signos comunes de una relación tóxica:

Falta de respeto: Si una persona se siente desvalorizada o ignorada constantemente, es posible que esté en una relación tóxica. El respeto mutuo es esencial en cualquier relación saludable.

Manipulación: Si una persona se siente obligada a hacer cosas que no quiere hacer, o tiene la presión de tomar decisiones que no son suyas, es posible que esté en una relación tóxica. La manipulación puede ser sutil o abierta, pero siempre es perjudicial.

Control: Si una persona siente que no tiene control sobre su propia vida, o que sus decisiones son siempre cuestionadas o rechazadas, es posible que esté en una relación tóxica. El control excesivo es un signo claro de una relación tóxica.

Falta de comunicación: Si una persona se siente ignorada o no escuchada, o si la comunicación es siempre negativa u hostil, es posible que esté en una relación tóxica. La comunicación abierta y honesta es esencial en cualquier relación saludable.

Abuso: Si una persona es víctima de abuso físico, emocional o sexual, es evidente una relación tóxica. El abuso nunca es aceptable y siempre debe ser denunciado.

Si reconoces alguno de estos signos en tu propia relación, es importante tomar medidas para cambiar la situación. En los siguientes capítulos, te explicaré cómo sanar relaciones tóxicas y crear relaciones saludables y satisfactorias.

Las consecuencias devastadoras de estar en una relación tóxica

Estar en una relación tóxica puede tener consecuencias devastadoras en la vida de una persona. A menudo, estas consecuencias no son inmediatamente evidentes, pero se acumulan con el tiempo y alterando la salud mental, emocional y física de la persona. Ahora, te compartiré cuáles son las consecuencias más comunes de estar en una relación tóxica:

Problemas de autoestima y autoconfianza: Una relación tóxica puede hacer que una persona se sienta desvalorizada, humillada y sin importancia. Esto puede provocar problemas de autoestima y autoconfianza, lo que termina por afectar a todas las áreas de la vida de la persona, incluyendo su capacidad para establecer relaciones saludables y tener éxito en su carrera.

Problemas de salud mental: Las relaciones tóxicas pueden causar problemas de salud mental, como depresión, ansiedad y trastornos de estrés postraumático. Las personas en relaciones tóxicas a menudo sienten que no tienen control sobre su propia vida y pueden creerse atrapadas en la relación, lo que provoca desesperación, ansiedad y miedo.

Problemas de salud física: Las relaciones tóxicas también pueden tener consecuencias físicas, como dolores de cabeza, problemas digestivos, enfermedades crónicas y otros problemas de salud relacionados con el estrés. El estrés crónico puede afectar negativamente el sistema inmunológico y aumentar el riesgo de enfermedades graves.

Dificultad para establecer relaciones saludables: Las personas que han estado en relaciones tóxicas, a menudo tienen dificultades para establecer relaciones saludables en el futuro. Pueden tener dificultades para confiar en los demás, mucho más a la hora de conocer gente nueva o para establecer límites saludables en sus relaciones, lo que puede llevar a la repetición de patrones tóxicos.

Aislamiento social: Las relaciones tóxicas a menudo resultan en el aislamiento social, ya que la persona puede sentirse alejada de amigos y familiares debido a la relación tóxica. El aislamiento social puede llevar a una sensación de soledad y desesperación, lo que puede empeorar los problemas de salud mental y emocional.

Pérdida de identidad y propósito: Las personas en relaciones tóxicas a menudo pierden su sentido de identidad y propósito. Pueden sentir que han perdido el control sobre su propia vida y que sus necesidades y deseos son ignorados. Esto puede llevar a una sensación de desesperación y pérdida de dirección en la vida.

Problemas financieros: Las relaciones tóxicas pueden tener un impacto negativo en la situación financiera de una persona. La persona en la relación tóxica puede sentirse presionada para gastar más de lo que puede permitirse con la intención de complacer a su pareja tóxica. Además, en algunos casos, la pareja tóxica puede controlar las finanzas y dirigir el acceso a los recursos financieros, lo que genera dependencia financiera y la incapacidad para tomar decisiones financieras saludables.

Dificultades laborales: Las relaciones tóxicas pueden afectar negativamente la capacidad de una persona para desempeñarse en su trabajo. El estrés y la ansiedad causados por la relación tóxica afectan la concentración y el rendimiento laboral, lo que puede llevar a problemas en el trabajo, como la pérdida del empleo.

Problemas familiares: Las relaciones tóxicas también pueden afectar las relaciones familiares de una persona. Las parejas tóxicas a menudo intentan aislar a la persona de su familia y amigos, lo que puede llevar a la pérdida de contacto con los seres queridos y la disminución de la calidad de las relaciones familiares.

Problemas legales: En algunos casos, las relaciones tóxicas pueden llevar a problemas legales, como la violencia doméstica o la interferencia con la custodia de los hijos. Es importante buscar ayuda profesional si se encuentra en una situación peligrosa o potencialmente peligrosa.

En conclusión, las consecuencias de estar en una relación tóxica pueden ser graves y afectar a todas las áreas de la vida de una persona. Es importante reconocer las señales de una relación tóxica y tomar medidas para protegerse a sí mismo y su bienestar emocional y físico.

CAPÍTULO 2

Identificar patrones tóxicos es el primer paso hacia relaciones más sanas y libres de sufrimiento.

Tipos de relaciones tóxicas

Hemos llegado al segundo capítulo de este manual. Aquí, vamos a iniciar esta andadura identificando varios tipos de relaciones tóxicas, además, te haré un breve resumen de las mismas y a lo largo del libro iremos sumergiéndonos en algunas más que en otras, por su interés más común y por ser las que mayormente me encuentro en el ejercicio profesional como Educadora social y Accountability coach experta en relaciones tóxicas. Te cuento cuáles son los tipos de relaciones tóxicas más comunes:

Relación de llenado: Las "relaciones de llenado" son aquellas que vienen de la necesidad de llenar un vacío, una carencia y se piensa que al estar en pareja el otro lo completa, cuando en realidad somos seres completos estemos o no en pareja.

Viene de ese pensamiento erróneo de pensar que la otra persona nos aporta lo que a nosotros nos falta, y esto es un gravísimo ERROR, porque ahí empezamos con nuestra falta de merecimiento y solo estamos con una pareja para llenar esas carencias y una relación que nace desde la necesidad está DESTINADA a un fracaso, porque ponemos en la otra persona la responsabilidad de nuestra felicidad, si nosotros no somos felices, nos sentimos solos, responsabilizamos a nuestra pareja de no amarnos lo suficiente, de no saber darnos aquello que necesitamos, y eso que necesitamos solo lo encontramos en nuestro interior.

Nuestra función como coaches de relaciones tóxicas, en este caso será hacer consciente a esa persona de esta carencia, para ayudarla a conectarse con su interior y que reconozca que es un ser individual y completo y que puede ser feliz sin estar en pareja y, si tiene una pareja, será para complementar esa felicidad y compartirla juntos.

Relaciones fundamentadas por el romanticismo y el mito: Esta se fundamenta por un amor idealizado, fruto de los mitos y de las historias con tópicos de enamorados aprendidas a lo largo de los años gracias a la cultura de Hollywood, Disney y las novelas rosa que imponen este tipo de relatos tan alejados de la realidad.

Ante esta falsa creencia del amor, viven su relación desde la frustración, entonces, cuando ya no sienten el hormigueo, cuando se pasa la euforia del inicio, la atracción física y la química que se produce, característica de las primeras fases del enamoramiento debido al exceso e intoxicación de hormonas como las endorfinas y la oxitocina, el amor parece haberse esfumado.

Lamento decirte, que no es el "amor", sino las hormonas las causantes de nuestras palpitaciones, sudores fríos, hormigueo o mariposas en el estómago ante la presencia de la persona hacia la que nos sentimos atraídos, pero esto tiene una base científica y neurológica, no romántica.

Las endorfinas son unas hormonas que se encuentran en nuestro cerebro, a veces denominada precisamente como "la hormona del amor", ya que se la relaciona con este sentimiento y que actúa como el opio y como la morfina pues crea adicción. Ahora puedes empezar a entender algo más de porqué actuamos de esa manera más irracional y pulsional en esta fase. Pero espera, aun te cuento un poco más...

Como te he dicho anteriormente, también segregamos oxitocina, otra hormona que está relacionada con la confianza, el sentimiento de protección, confort y seguridad, por este motivo también es una hormona que se segrega en el parto, para afianzar los lazos y la conexión de madre e hijo para asegurar su protección y supervivencia.

Si entendemos esto, seremos capaces de comprender que no podríamos vivir continuamente en la euforia y en este estadío, porque se desconectan otras neuronas en ese momento y tendemos a ser menos precavidos, perdemos el miedo, nos sentimos más fuertes, mejores y por ese motivo, sacamos a relucir una versión nuestra más valiente, osada, enérgica, empatizamos más y de ahí la apertura para la conexión.

Pero aprender a reconocer en qué fase estamos nos ayudará a entender que el amor verdadero viene justo después de que se termine esa fase del ¡flash!

Cómo dice la psiquiatra Marian Rojas Estapé, deberíamos poner cabeza e inteligencia y preguntarnos, ==¿esa persona me conviene? ¿Me hace ser mejor persona?== si la respuesta es sí, seguimos adelante, pero si es que en el fondo y con la consciencia encendida sabemos que es un NO o tienes dudas, mejor dejarlo en esta etapa.

El proceso de poner cabeza e inteligencia puede durar horas, días, meses o, como ella misma reconoce, fue algo más lenta y tardó un año para ver que estaba con la persona equivocada, de ahí que se diga que "el amor es ciego pero los vecinos no", porque en ese estado de euforia no eres consciente de lo que está pasando enfrente de ti, vives de tópicos y de la idealización de tu pareja, y te sientes frustrada e infeliz cuando eso desaparece. Debemos perderle el miedo al duelo y entregarnos a las emociones que vienen después de tomar una decisión difícil pero sana, celebrando el amor propio y el auto-respeto.

Las relaciones co-dependientes: En este tipo de relaciones existe una estrecha dependencia por parte de ambas partes, ya que las dos personas inmersas en este vínculo buscan continuamente el complacer a la pareja, dejándose a sí mismos en último lugar, anteponen sus necesidades y preferencias por las del otro o en nombre de la relación y esto termina provocando malestar en ambos, lo que claramente terminará en conflictos.

Los vínculos co-dependientes son también una versión aprendida por medio de nuestra cultura, ya que la creencia hasta hace poco era que, pese a todo, la pareja debía mantenerse unida "hasta el final de sus días", cueste lo que cueste. Gracias a refranes de iluminados que decían cosas como que "quien te quiere te hará llorar" es que naturalizamos tantas prácticas de violencia, sometimiento y pesar que no han sido visibilizadas durante años. **El amor no duele y si duele es evidente que no es amor.**

El problema de estas relaciones, es que tienden a dar, dar y dar, pero no reciben y se frustran de no recibir lo mismo que dan y acaban en vínculos que han "normalizado" la relación disfuncional y a veces sin ser conscientes de ello.

Relaciones basadas en una comunicación evasiva: La comunicación evasiva sucede cuando una de las partes de la pareja, al intentar comunicarse, expresar algo, o corregir una conducta que le ha molestado no es escuchada, ya que el compañero o compañera pasa olímpicamente por alto lo que se le dijo, no se digna ni a escuchar, ni a hacer contacto visual, ni siquiera se toma una pausa de lo que está haciendo para prestar atención plena a lo que se le está expresando. En estos casos, si bien el que juega a ser indiferente no reacciona, no entra en conflicto, está demostrando una total falta de respeto, de empatía y, por ende, de amor, al ignorar las necesidades de su pareja.

Relaciones con una comunicación agresiva: Podríamos hablar de muchas formas de comunicación agresiva, pero para ir a lo práctico, un claro tipo de comunicación agresiva son aquellas en las que se emplea una actitud irrespetuosa hacia los pensamientos, sentimientos, ideas y planteos de otra persona, desde una visión muy egocéntrica, inequitativa y desigual. Este tipo de comunicación está basada en la crítica, el reproche, los gritos, el sarcasmo, las burlas, el desprecio, entre otras bajas acciones que hieren al otro.

Frases como " no haces nada bien", "siempre haces lo mismo", "no sirves para nada", "no tienes idea de nada" son muy comunes en este tipo de vínculo tóxico. Si cuando das tu opinión te manda a callar, tanto en público como a solas, o te contesta de forma irónica, el amor no está ahí.

Relaciones basadas en el miedo: El miedo en todas sus formas corrompe, limita y hiere. Las personas que tienen miedo actúan haciendo cosas que jamás harían en otro tipo de situaciones, por eso en una relación que no funciona, en la que se pasa mal, de sufrimiento, sometimiento y humillación, no se van, no la dejan.

Mientras los de afuera opinamos, aconsejamos y tratamos de hacerle ver la realidad a esa persona inmersa en este tipo de relación, esa persona, con su autoestima debilitada, su autoconfianza nula, su auto-respeto avasallado, piensa que ya nadie la va a querer y aparecen ideas que en su mente son demasiado reales, fruto de sus inseguridades, como el miedo a estar sola, a no volver a ser amada, y por eso aguantan y aguantan "acostumbrándose" al dolor.

Esta resignación, incluso es una costumbre que fue naturalizada a lo largo de los milenios, ya que las creencias religiosas, culturales y sociales nos hacían suponer que aquello que habíamos elegido para nuestra vida era sin cambio ni devolución.

El miedo a la otra persona, a las consecuencias si se marcha, miedo a no poder salir adelante, miedo tal vez al chantaje de su pareja para que no le quite los hijos, la lista de miedos es infinita.

Estas relaciones te hacen perder la dignidad y te llevan a la desesperanza, esto es porque ya crees que lo has intentado todo.

Relaciones en las que la mentira es la tónica principal: Las relaciones sanas se basan en la confianza entre las dos partes, pero cuando existe la mentira, se genera desconfianza y cuando esta se repite y es una constante en la relación es un problema. Muchas veces no hace falta el mentir, solo con el hecho de omitir o falsear las circunstancias en nombre de "era para no hacerte daño", "para no preocuparte", se termina enfermando un vínculo y se entra a formar parte de una relación tóxica.

Relaciones en las que existe una infidelidad: Todos nos hemos preguntado alguna vez en qué momento comienza una infidelidad. Desde mi experiencia profesional, aprendizaje personal y formación académica, puedo darte la siguiente opinión: cuando existe alguna forma de conversación cargada de seducción, juegos de alardes y galanterías o tensión sexual, ya está implicada la infidelidad.

Realmente pueden haber diferentes tipos de infidelidades, aunque parezca mentira.

Para hablar de infidelidad, debemos conocer qué es la fidelidad. La fidelidad, se trata de algo que va más allá de un simple compromiso por parte de las dos partes que integran la relación y que se comprometen a no mantener ningún otro tipo de relaciones sexoafectivas con otras personas fuera de la pareja. Además, se trata de un respeto mutuo, de una intimidad no solo a nivel físico sino emocional, hay un vínculo afectivo, una admiración y un cariño, hay una dedicación recíproca de atención y cuidado.

La infidelidad es todo lo contrario, puede existir una infidelidad emocional, la cual sin darse cuenta viene a ser la que es más usual. Este tipo de infidelidad es cuando una de las dos partes de la pareja se siente más conectado emocionalmente con otra persona que con su pareja, hay mucha confidencialidad, confianza e intimidad, sin que llegue a haber una relación de carácter sexual, puede no existir la intimidad sexual, un ejemplo de esto puede ser una relación a distancia, basada en mensajes, llamadas e intercambio de fotos y videos.

Si bien, para muchos, la más dolorosa parece que es la sexual, cuando sí hay un contacto o encuentros sexuales con otra persona que no es la pareja, ya que se siente como una traición difícil de perdonar incluso en las películas, los libros y las series y suelen estar cargadas de mentiras y falsedades.

Hay otra infidelidad que no se suele nombrar y es la de la pareja ausente, la que cuando la necesitamos no está ahí para nosotros. Son esas personas que su primera prioridad es su trabajo, trabajan todo el día y se sienten mejor en ese ámbito, en ocasiones puede ser una gran afición casi obsesiva, siempre anteponer estas cosas que son más importantes para esa persona que estar junto a su pareja y pasar el tiempo con ella.

Otra manera de serle infiel a la pareja, es cuando hablamos mal de ella cuando no está presente, criticando y menospreciando, ¿cuántas veces habrás oído este tipo de comentarios sobre la pareja de algún amigo o amiga de tu entorno?

Sea cual sea el tipo de infidelidad, todas son dolorosas.

Relaciones dónde están presentes los celos: Las relaciones que se basan en continuas escenas de celos infundados en la mayoría de las ocasiones, provenientes de las propias inseguridades de la persona que los padece o por ambas partes.

Esta emoción es muy perjudicial para quien la padece, ya que se carga de un sentimiento de frustración, con estados de ánimo fluctuantes, creando episodios de verdadera angustia, estrés y ansiedad, a estas personas, se les llena el cuerpo como de una sensación de soledad, incomprensión y no son capaces de cambiar estos pensamientos saboteadores, disfuncionales y poderse concentrar, porque los celos se apoderan de todo su tiempo de manera obsesiva, llegando a ser su mayor preocupación y esa preocupación por miedo a perder a su pareja, ser abandonada o rechazada puede convertirse en patológica.

Son relaciones que se basan en el control constante de la pareja, con quien está, donde va, incluso le puede molestar que vaya con su familia, controla el móvil y las redes sociales, las cuenta bancarias para saber dónde ha estado a través de los movimientos de la tarjeta, se invaden todos los espacios y toda la intimidad y privacidad como individuo que podamos tener.

Relaciones que se fundamentan en el chantaje emocional: El chantaje emocional es una forma de manipulación basada en la exigencia explícita e implícita que lleva a una de las partes a ceder contínuamente. Y, cuando esto no ocurre, quien ejerce el poder dominante utiliza la culpa para conseguir lo que quiere. De esta manera, la víctima, ya sea por miedo o para evitar sentirse culpable, sigue cediendo a todas las demandas entregándole el poder al otro hasta que pierde noción del mismo.

Muchas veces, este tipo de relaciones pueden ser sanadas manteniendo el vínculo, modificando aquellos patrones de conducta en los que uno se impone por encima de las necesidades, anhelos y sentimientos del otro, logrando equidad, empatía y respeto.

Por supuesto, toda relación tóxica puede ser sanada, siempre y cuando no se hayan sobrepasado los límites del respeto físico, verbal y emocional al punto de quebrantar a la persona.

Una relación disfuncional o tóxica, en todas sus formas y en cualquiera de la fase en que se encuentre, siempre es un atentado en contra de nuestro desarrollo personal y afecta a nuestra salud tanto física, emocional y mental. Por lo tanto, si para sanar hay que romper el vínculo, pues esa será nuestra tarea.

Ahora te toca a ti:

Las relaciones tóxicas pueden tener un impacto devastador en tu bienestar emocional y mental. Romper estos ciclos es esencial para tu empoderamiento y sanación. Es por eso que, en esta sección, exploraremos cómo identificar patrones recurrentes en tus vínculos con los demás para aprender a reconocer las señales de las relaciones tóxicas.

✨Reconocer los signos de una relación tóxica es el primer paso hacia la liberación y el empoderamiento. Estos comportamientos abusivos y manipuladores pueden ser sutiles, pero es esencial estar alerta.

Aquí tienes algunos consejos para identificarlos:

■**Observa tus emociones:** Si te sientes constantemente insegura, triste o sin valor en la relación, es una señal de alerta. Los sentimientos negativos persistentes no son normales en una relación saludable.

■**Analiza los cambios en tu comportamiento:** Si notas que has cambiado tus hábitos, amistades o actividades debido a las demandas o control de tu pareja, esto puede indicar una dinámica tóxica.

■**Evalúa la comunicación:** Presta atención a cómo se comunican. Si hay una falta de respeto constante, críticas destructivas o manejo en las conversaciones, es un indicio de una relación tóxica.

■**Sé consciente de la desigualdad:** Si te sientes constantemente desvalorizada y tu pareja busca controlar aspectos clave de tu vida, estás en una relación tóxica. Las relaciones saludables se basan en la igualdad y el respeto mutuo.

LIBRE DE RELACIONES TÓXICAS

Herramienta práctica

Preguntas poderosas para identificar comportamientos tóxicos

1 ¿Cómo me siento después de interactuar con mi pareja?

_____

_____

_____

_____

2 ¿Me siento valorada y respetada, o insegura y ansiosa?

_____

LIBRE DE RELACIONES TÓXICAS

_____

_____

_____

_____

3. ¿Se respeta mi autonomía y decisiones, o siento que debo seguir las demandas de mi pareja?

_____

_____

_____

_____

4. ¿Hay un equilibrio en el poder y la toma de decisiones en la relación, o una persona domina y controla más que la otra?

LIBRE DE RELACIONES TÓXICAS

_____

_____

_____

_____

5. ¿La comunicación es abierta, respetuosa y honesta, o tiende a ser manipuladora, crítica o destructiva?

_____

_____

_____

_____

6. ¿Siento que mi autoestima ha disminuido desde que estoy en esta relación?

LIBRE DE RELACIONES TÓXICAS

_____
_____
_____
_____
_____

[7] ¿Siento que mis opiniones y sentimientos no son valorados o respetados?

_____
_____
_____
_____
_____

[8] ¿Nos comunicamos de manera abierta y honesta, o siento que debo medir mis palabras?

LIBRE DE RELACIONES TÓXICAS

_____

_____

_____

_____

9. ¿Siento que me critica o me ridiculiza con frecuencia?

_____

_____

_____

_____

10. ¿Siento que tengo la libertad de tomar decisiones y tener mi propio espacio?

_____

LIBRE DE RELACIONES TÓXICAS

_____

_____

_____

_____

📖 ¿Cómo se manejan los desacuerdos en la relación? ¿Hay respeto?

_____

_____

_____

_____

_____

Reconocer estos comportamientos es el primer paso hacia el cambio positivo. Si identificas signos de una relación tóxica, es crucial buscar apoyo y tomar medidas para cuidar tu bienestar emocional y físico.

Aquí tienes una HERRAMIENTA poderosa basada en mi método DASAC y está destinada a ayudate a identificar y tomar conciencia de los patrones repetitivos en relaciones tóxicas y explorar posibles orígenes relacionados con sistemas aprendidos, como pueden ser los vínculos de los padres, la dinámica familiar, o experiencias pasadas. Considera las siguientes preguntas si eres terapeuta o coach para introducirlas como parte de tus sesiones:

■Reflexión sobre las relaciones de los padres:

¿Cómo describirías la relación entre tus padres durante tu infancia?

_____

_____

_____

_____

_____

¿Observaste patrones de comunicación tóxicos o de apoyo entre ellos?

_____

_____

_____

_____

¿Cómo gestionaban los conflictos y desacuerdos?

_____

_____

_____

_____

_____

¿Qué comportamientos de tus padres te gustaría repetir o evitar en tus propias relaciones?

_____

_____

_____

_____

■ Exploración de la dinámica familiar:

¿Cómo era tu relación con cada uno de tus padres y cómo crees que ha influido en tus relaciones actuales?

_____

LIBRE DE RELACIONES TÓXICAS

_____
_____
_____
_____

¿Recuerdas algún momento en tu infancia donde te sentiste especialmente protegida o desatendida emocionalmente por tus padres?

_____
_____
_____
_____
_____

¿Había alguna expectativa o norma familiar que te parecía restrictiva o injusta?

LIBRE DE RELACIONES TÓXICAS

_____

_____

_____

_____

■ **Análisis de relaciones pasadas:**

Piensa en tus relaciones pasadas: ¿notas algún patrón recurrente en la forma en que estas se desarrollaron o terminaron?

_____

_____

_____

_____

LIBRE DE RELACIONES TÓXICAS

¿Hay algún comportamiento en tus parejas pasadas que te haya hecho sentir constantemente incómoda o no valorada?

_____

_____

_____

_____

¿Cómo reaccionaste a situaciones de estrés o conflicto en relaciones anteriores?

_____

_____

_____

_____

Identificación de heridas de la infancia:

¿Puedes recordar un evento específico en tu infancia que haya dejado una marca emocional profunda en ti?

_____

_____

_____

_____

¿Cómo crees que esos eventos de la infancia han influido en tus decisiones o comportamientos en tus relaciones actuales?

_____

_____

LIBRE DE RELACIONES TÓXICAS

_____

_____

_____

¿Hay emociones o reacciones que experimentas en tu vida adulta que crees que están vinculadas a experiencias de tu infancia?

_____

_____

_____

_____

■ **Autoevaluación de patrones repetitivos:**

¿Tienes tendencia a sentirte atraída por personas que muestran ciertos rasgos o comportamientos? Si es así, ¿cuáles son y por qué crees que es así?

_____

_____

_____

_____

¿Cómo sueles reaccionar cuando te sientes herida, amenazada o desvalorizada en una relación?

_____

_____

_____

_____

¿Hay aspectos de tu comportamiento en relaciones que quisieras cambiar? ¿Qué te impide hacer estos cambios?

_____

_____

_____

_____

Estas preguntas están diseñadas para fomentar la introspección y son un punto de partida crucial para el proceso de autoconocimiento y cambio. Espero que te hayan servido.

LIBRE DE RELACIONES TÓXICAS

CAPÍTULO 3

El amor es un sentimiento complejo y emocionante que puede traer una gran felicidad y realización, o, por el contrario, puede sumergirnos en aguas turbias de confusión y dolor.

Entre las luces y sombras del amor: Un viaje a través de sus fases

¿Qué es el amor y qué no es amor?

El amor es uno de los sentimientos más profundos y complejos que experimenta el ser humano. Es una emoción que puede hacernos sentir felices, completos y conectados con otras personas, pero también puede causar dolor, sufrimiento y confusión. Por eso, en esta sección exploraremos juntas qué es el amor y qué no es amor, así como algunas señales que indican si una relación es saludable o tóxica.

Desamor y amor: Antes de hablar sobre lo que es el amor, es importante entender lo que es el desamor. El desamor es la sensación de vacío y pérdida que se experimenta cuando se termina una relación o cuando el amor no es correspondido. Aunque puede ser una experiencia dolorosa, también es una oportunidad para aprender y crecer.

El amor, por otro lado, es una emoción positiva y enriquecedora que nos permite conectar con otras personas de una manera profunda y significativa. El amor es una fuerza poderosa que nos da la capacidad de amar y ser amados, y nos permite experimentar la vida de una manera más plena y satisfactoria.

Cómo surge el amor: El amor puede surgir de muchas maneras diferentes. Puede ser una atracción física o sexual, una conexión emocional profunda, una amistad que se convierte en algo más, o incluso un sentimiento que surge con el tiempo y la convivencia. El amor puede ser espontáneo o puede surgir lentamente, y no siempre es fácil de definir.

Como exploradoras de emociones, prepararemos nuestras brújulas emocionales porque nos adentraremos en las etapas que hacen que el amor sea tan intrigante como un misterio por resolver.

Imagina que somos arqueólogas del corazón, desenterrando capas de emociones mientras exploramos las fases del enamoramiento desde una perspectiva de aprendizaje.

Comenzamos con la **Fase de Encandilamiento**, también conocida como la etapa del "Encantamiento previo". Aquí es donde las mariposas revolotean en nuestro estómago y las palabras parecen bailar en el aire. Todo brilla con un toque de magia, y nuestras mentes empiezan a escribir guiones dignos de Hollywood. ¡Cuidado, Romeo y Julieta, aquí venimos! Pero, admitámoslo, en esta etapa estamos más cerca de la comedia romántica que de la tragedia shakespeariana.

Luego, llegamos a la **Fase de Pérdida de libertad,** donde nos sumergimos en la película "Yo, tú y nuestros problemas". Empiezan los compromisos, las decisiones en conjunto y, ocasionalmente, algunas discusiones sobre quién eligió la película la última vez. Si alguna vez sentiste que tu planificación social se volvió más complicada que la estrategia de ajedrez, bienvenida a la vida en pareja. Las negociaciones son la regla del juego, y aprenderás a ceder en algunas batallas para ganar la guerra de la convivencia.

Pero agárrate, porque la **Fase de la Pérdida de sí mismo por amor** (o en Nombre del amor) nos espera. ¿Recuerdas esa vez en la que tu amado o amada mencionó casualmente que no le gustaba el color de tu camisa o blusa? Y, por supuesto, la siguiente vez que saliste, ¿qué camisa o blusa no te pusiste? Exacto. En esta etapa, puede ser que comiences a adaptarte tanto que te preguntes si alguna vez tuviste un estilo propio. Pero, tranquila, porque como toda una artífice de relaciones saludables, aquí es donde tomamos el control de las riendas.

Después de algunos capítulos de comedia romántica y una pizca de drama, llegamos a la **Fase de Desconexión interna**. En este punto, esa chispa que alguna vez pareció una fogata avivada comienza a perder su brillo. Tal vez las discusiones se vuelven monótonas, y las sorpresas se transforman en un "¿puedes recoger el pan de camino a casa?".

Ahora, para que entiendas mejor todo esto, también quiero hablarte de **Los cuatro jinetes de la relación de John Gottman** (la crítica, el desprecio, la actitud defensiva y el distanciamiento emocional) que pueden empezar a dar un concierto no tan agradable en tu relación.

Pero si pensabas que esto era todo, siento decir que aún puede ser peor. **La Fase de Mutación** es la etapa en la que nos enfrentamos a la bifurcación del camino.

Aquí, las grietas que han estado apareciendo comienzan a agrandarse. La chispa inicial se convierte en un fuego abrasador, y cada día puede parecer una batalla campal. Pero recordemos que en toda mutación existe la oportunidad de transformación, y es en este punto donde la elección es clara: luchar por sanar y crecer juntos o tomar caminos separados.

Mira, las relaciones no son siempre un campo de rosas, pero tampoco son un campo minado. Lo que sí son siempre es un camino de aprendizaje, y en cada fase, incluso en los momentos más desafiantes, hay oportunidad para el crecimiento y la evolución. ¿Quieres seguir explorando? Porque este es solo el comienzo, y el viaje emocional que tenemos por delante es digno de una aventura épica.

Ejemplos prácticos

Para entender mejor lo que es el amor y lo que no es amor, aquí hay algunos ejemplos prácticos:

♥El amor es apoyo incondicional y respeto mutuo. La falta de amor es la crítica constante y la falta de respeto hacia la pareja.

♥El amor es una comunicación abierta y honesta. La falta de amor es el secreto y la falta de comunicación.

♥El amor es el espacio personal y la independencia. La falta de amor es el control y la manipulación.

♥El amor es la empatía y la comprensión. La falta de amor es la indiferencia y la falta de empatía.

♥El amor es el compromiso y la lealtad. La falta de amor es la infidelidad y la traición.

Ahora te toca a ti:

Preguntas reflexivas sobre el amor

Ya sea para ayudarte como futura coach de relaciones tóxicas, para descubrir si una persona está en una relación en crisis o si reina el amor verdadero, o si tu eres una posible víctima de una vínculo enfermo y en crisis, aquí hay algunas preguntas reflexivas que pueden ser útiles:

1) ¿Siento que mi pareja me apoya y me respeta en todo momento?

_____

_____

LIBRE DE RELACIONES TÓXICAS

_____

2. ¿Soy capaz de comunicarme abierta y honestamente con mi pareja?

_____

_____

_____

3. ¿Siento que tengo espacio personal e independencia en la relación?

_____

_____

_____

4. ¿Mi pareja es empática y comprensiva conmigo?

_____

_____

LIBRE DE RELACIONES TÓXICAS

_____

5) ¿Estoy comprometida y soy leal a mi pareja?

_____

_____

6) ¿Mi pareja es infiel o ha violado mi confianza en el pasado?

_____

_____

7) ¿Cómo me siento en la relación en general? ¿Me siento feliz, satisfecha y en paz?

_____

_____

LIBRE DE RELACIONES TÓXICAS

_____

[8] ¿Mi pareja me hace sentir segura y amada o me siento insegura y desvalorizada?

_____

_____

_____

¡Eres valiosa y mereces sentirte feliz y plena!

Tú misma sabrás interpretar las respuestas del cuestionario si tienes en cuenta tu valor y lo que mereces.

CAPÍTULO 4

En el laberinto de las relaciones, el amor propio es la brújula que nos guía hacia la salida de la toxicidad, iluminando el camino hacia el respeto y la felicidad verdadera.

¿Por qué nos involucramos en relaciones tóxicas?

A menudo, las personas se preguntan por qué se involucran en relaciones tóxicas, incluso cuando saben que no son saludables desde un inicio. Existen muchas razones por las cuales una persona puede sentirse atraída por una pareja tóxica. Aquí hay algunas posibles explicaciones:

Patrones aprendidos de la infancia: Los patrones de comportamiento aprendidos en la infancia pueden afectar la forma en que las personas eligen a sus parejas. Si una persona creció en un hogar disfuncional o con padres tóxicos, puede estar más acostumbrada a relaciones poco saludables y ser más propensa a elegir parejas tóxicas.

Imagina que la vida es como un libro en blanco que empieza a escribirse desde el momento en que nacemos. En sus páginas, nuestros primeros capítulos se componen de los momentos compartidos con nuestra familia. Las risas, las lágrimas y las experiencias que marcan nuestra infancia, también tiñen las páginas de ese libro con patrones que, a menudo, llevamos con nosotros al crecer y que, sin que nos demos cuenta, influyen en nuestras decisiones, especialmente en lo que respecta a las relaciones de pareja.

Ahora, te invito a adentrarte en el mundo de esos patrones aprendidos en la infancia, como una exploradora curiosa de tu propio corazón. ¿Alguna vez te has preguntado por qué algunas personas parecen repetir una y otra vez relaciones poco saludables? ¡Ah, querida lectora, aquí reside el misterio!

¿Y qué hay de aquellos que vivieron en hogares donde las relaciones eran una danza de respeto y apoyo mutuo? Bueno, aquí el cuadro puede ser diferente. Es posible que busques esas cualidades en una pareja, aspirando a una relación que refleje la calidez y la confianza que conoces desde la niñez.

Si tus padres eran un ejemplo de comunicación saludable y apoyo mutuo, es probable que tengas una pista sólida sobre cómo debería ser una relación amorosa. Puedes ser como una buscadora de tesoros emocionales, persiguiendo el respeto y el cariño que presenciaste en tus primeros años.

Aquí radica la maravilla y la complejidad de estos patrones: pueden ser aliados o enemigos en nuestra búsqueda del amor. Pero, atención, esto no significa que estemos condenados a repetir patrones negativos. La toma de conciencia es el faro que nos guía.

Imagina que eres una aventurera en un laberinto emocional. Cada esquina representa una elección, una oportunidad para romper con el pasado o para rendirnos ante él. Con el corazón como brújula y la toma de conciencia como luz, puedes enfrentarte a esos patrones y desafiarlos con una elección consciente. Ya no serás una marioneta en la obra que otros escribieron, sino coautora de tu propio destino.

Así que, los patrones de la infancia pueden ser como las mareas que nos arrastran. Pero recordemos que nosotras, como navegantes de nuestros corazones, tenemos el poder de dirigir el barco hacia aguas tranquilas y saludables. Y en las siguientes páginas de este libro, exploraremos cómo reescribir esos patrones y forjar un camino hacia relaciones llenas de amor y respeto verdadero.

Baja autoestima: Las personas con baja autoestima pueden tener dificultades para establecer límites y ser vulnerables a la manipulación emocional por parte de una pareja tóxica. Pueden creer que no merecen una relación saludable y que deben conformarse con lo que tienen.

Un Espejo Roto: La relación con nosotras mismas

Imagina que tu autoestima es como un delicado espejo que refleja quién eres en tu esencia más pura. Ahora, visualiza una relación tóxica como una tormenta que arremete contra ese espejo, haciendo resquebrajar y distorsionar la imagen que tienes de ti misma. Estamos ante una verdad impactante: las relaciones dañinas, disfuncionales o tóxicas tienen el potencial de hacer añicos nuestra autoestima.

Siempre me he considerado una exploradora de emociones y relaciones, y a lo largo de mi carrera como experta en relaciones tóxicas y autoestima, he visto cómo personas valientes se adentran en relaciones que las hunden en un mar de dudas y ansiedad.

Permíteme compartir un caso inspirador:

El caso de Yamila

Yamila, es una mujer que llegó a mí con los pedazos rotos de su autoestima. Había estado en una relación en la que se le hacía sentir que nunca era suficiente. Las críticas constantes y las palabras hirientes habían erosionado su confianza hasta el punto en que su reflejo en el espejo parecía distorsionado y difuso. A medida que trabajamos juntas para sanar sus heridas emocionales, pude ver cómo poco a poco comenzaba a recoger los fragmentos de su autoestima y a reconstruir su imagen con amor y cuidado.

Esta historia no es única; es un recordatorio de cuán poderosas pueden ser las influencias negativas en nuestra autoestima. Pero déjame también recordarte que, como narradoras de nuestras propias vidas, tenemos el poder de cambiar el guión. Si

Yamila pudo sanar y recuperar su confianza, tú también puedes hacerlo y también quienes acudan a ti. Este libro es un faro de luz en la oscuridad, una brújula para superar la tormenta emocional y encontrar la paz en tu relación más importante: la que tienes contigo misma.

Afortunadamente, Yamila terminó con ese vínculo y se dedicó a recuperar su entereza, a reafirmar su autoestima y reparar su amor propio. Esta historia ilustra cómo una relación tóxica puede actuar como un martillo que golpea repetidamente el espejo de nuestra autoestima. Las palabras hirientes, los comportamientos abusivos y las actitudes despreciativas son como grietas que debilitan la estructura misma de cómo nos vemos. Pero, ¡escuchadme atentamente!, no permitamos que estos vendavales emocionales definan quiénes somos.

Ejemplo: Imagina que eres un alfarero, y tu autoestima es la pieza que estás moldeando con amor y dedicación. Las heridas de una relación tóxica pueden parecer como grietas en tu creación, pero cada grieta es una oportunidad para llenarla con el pegamento del autocuidado y el amor propio. ¡Cada pedazo roto puede ser una obra maestra de superación!

Mi experiencia como experta en autoestima me ha enseñado que la relación que tenemos con nosotros mismos es el nacimiento de todas las demás relaciones en nuestra vida. Si permitimos que una relación tóxica dañe nuestra autoestima, corremos el riesgo de perpetuar un ciclo en el que nos conformamos con menos de lo que merecemos. Pero aquí está el poder de la transformación: podemos reconstruir nuestra autoestima, hacerla más fuerte y resistente que nunca.

Ahora imagina que cada pieza rota es una oportunidad para crecer, para aprender y para fortalecer la relación con nosotras mismas. Así como un jarrón reparado con oro es aún más valioso, nuestra autoestima reconstruida brilla con una resiliencia que solo proviene de superar desafíos. A medida que las grietas se llenan de amor propio, descubrimos que somos más fuertes de lo que creíamos.

Los jarrones rotos pueden ser restaurados y los corazones heridos pueden sanar. Este libro es una invitación a emprender un viaje de autodescubrimiento y crecimiento personal. ¡No permitas que una autoestima dañada te impida alcanzar tu pleno potencial! Acompáñame en esta travesía hacia el empoderamiento y la confianza en una misma. Juntas, reescribimos la historia de nuestra relación con nosotras mismas y la elevaremos a alturas que nunca imaginamos posible. ¡Vamos a construir una autoestima inquebrantable, página por página, capítulo tras capítulo!

Necesidad de cuidar a alguien: A veces, las personas se sienten atraídas por parejas tóxicas porque sienten la necesidad de cuidar de alguien o de ser necesitadas. Esto puede hacer que toleren comportamientos tóxicos y que se involucren en relaciones que no son saludables.

La necesidad de cuidar y la trampa de las relaciones tóxicas

Permíteme guiarte a través de un territorio que a menudo es tan inexplorado como fascinante: la necesidad de cuidar y cómo puede llevarnos por un camino lleno de obstáculos emocionales. ¿Alguna vez te has preguntado por qué algunas personas se sienten atraídas por parejas tóxicas? Bienvenida a la sección donde vamos a desentrañar esta compleja red de emociones y decisiones.

Imagina que eres un faro de luz en medio del mar, irradiando amor y cuidado a tu alrededor. Ahora, visualiza a alguien que llega naufragando a tu vida con ojos llenos de necesidad, buscando en ti la respuesta a sus heridas. Es natural querer ser la persona que brinda apoyo y alivio a quienes lo necesitan, pero aquí yace el peligro: a veces, esta noble intención puede llevarnos a una danza emocional en la que nos perdemos a nosotras mismas.

Hazte consciente de la trampa que podría ser involucrarse con alguien que parece necesitar tu ayuda constantemente. Como si fueras un escudo contra la tormenta emocional, podrías encontrarte en medio de relaciones en las que tolerar comportamientos tóxicos parece la única manera de mantener a flote a esa persona.

Te cuento, conocí a Mercedes, una mujer que tenía un corazón del tamaño del universo. Su naturaleza compasiva la llevó a involucrarse en relaciones que, en lugar de llenarla de alegría, la dejaban exhausta y herida. Mercedes sintió la necesidad de ser el salvavidas de sus parejas, pero a medida que trabajamos juntas, descubrimos que estaba sacrificando su propia felicidad en el proceso.

El caso de Mercedes

Mercedes, como ángel protector, siempre buscaba cuidar de sus parejas, incluso a cuenta de su propio bienestar emocional. Su deseo de ser necesitada, la llevó a tolerar conductas que la herían emocionalmente. Pero aquí está la chispa de esperanza: Mercedes no estaba sola en este viaje. Juntas, emprendimos un camino para redescubrir su propio valor y la importancia de cuidarse a sí misma.

En mi papel como coach experta en relaciones tóxicas y autoestima, trabajé junto a Mercedes para reconstruir su autoimagen y liberarse de la trampa de ser la "salvadora". A través de sesiones de exploración emocional y reflexión profunda, Mercedes comenzó a entender la importancia de cuidarse a sí misma y establecer límites saludables en sus relaciones.

Uno de los aspectos cruciales fue ayudar a Mercedes a descubrir su propio valor y a comprender que merecía amor y respeto en igual medida. A medida que exploramos sus creencias limitantes y patrones de comportamiento arraigados, Mercedes comenzó a desenredar la necesidad de ser necesitada de su autoconcepto.

Consejo para despertar tu propio valor

Imagina que eres un faro de luz brillando con confianza y amor propio. A medida que te cuidas a ti misma, tu luz se vuelve más intensa y atrae relaciones que te nutren y respetan.

Recuerda, que para poder mostrar tu mejor versión a los demás, primero necesitas cuidar de ti, reparar tus daños, sanar tus heridas y trabajar en tu autoestima, tu amor propio, tu autoconcepto y garantizar tu salud emocional, mental y física. No podrás ayudar a los demás si antes no te ayudas a ti misma. Como así también: no podrás construir vínculos basados en la reciprocidad, el respeto y la estima mutua si les permites creer a los demás que para sentirte querida debes ser necesitada.

Ahora te toca a ti:

Explora tu autoestima y patrones de cuidado

1. ¿Sientes que a menudo pones las necesidades de los demás por encima de las tuyas en tus relaciones?

_____

_____

_____

LIBRE DE RELACIONES TÓXICAS

2.¿Te has encontrado en situaciones en las que toleras comportamientos tóxicos por temor a perder a alguien?

_____
_____
_____
_____

3.¿Cómo te sientes contigo misma cuando ayudas a los demás? ¿Te sientes valorada y apreciada?

_____
_____
_____

LIBRE DE RELACIONES TÓXICAS

_____

_____

4. ¿Cuánto tiempo dedicas a cuidar de ti misma y a tus propias necesidades emocionales?

_____

_____

_____

_____

5. ¿Has notado algún patrón en tus relaciones pasadas en cuanto a roles y dinámicas?

_____

_____

_____

LIBRE DE RELACIONES TÓXICAS

_____

_____

6 ¿Qué creencias tienes sobre tu propio valor y tu capacidad para establecer límites?

_____

_____

_____

_____

7 ¿Puedes identificar momentos en tu vida en los que has sentido que necesitabas ser necesitada para sentirte valiosa?

_____

_____

LIBRE DE RELACIONES TÓXICAS

_____

_____

8. ¿Cómo te imaginas cuando te cuidas a ti misma y te pones en primer lugar?

_____

_____

_____

_____

9. ¿Con qué frecuencia te encuentras comparándote con los demás y sintiéndote inferior?

_____

_____

_____

_____

_____

Ahora, cómo te ves:

¿cómo te calificarías en términos de autoestima y amor propio? (1 siendo muy bajo, 10 siendo muy alto)

1   2   3   4   5   6   7   8   9   10

Mi querida exploradora de emociones, no te olvides que no estás sola en este viaje de autodescubrimiento. Con conciencia y esfuerzo, puedes liberarte de la trampa de ser la salvadora y encontrar la verdadera fuerza en cuidarte a ti misma.

Si te reconoces en la historia de Mercedes y sientes que tienes la tendencia de poner a los demás antes que a ti misma, aquí hay algunos pasos que puedes tomar:

■**Autoexploración:** Dedica tiempo a reflexionar sobre tus patrones y creencias en las relaciones. ¿Qué te motiva a querer cuidar tanto a los demás?

■**Establece límites:** Aprende a decir "sí" a tus necesidades y "no" a situaciones que drenan tu energía. Practica establecer límites saludables en tus relaciones.

■**Autocuidado:** Haz una lista de actividades que te hagan sentir bien y te ayuden a recuperarte emocionalmente. Dedica tiempo para practicar estas actividades y priorizarte a ti misma.

■**Cambio de perspectiva:** Recuerda que no eres responsable de sanar a los demás a costa de tu propia salud emocional. Aprende a dar apoyo de manera equilibrada y a buscar relaciones en las que ambos puedan nutrirse mutuamente.

■**Autoafirmación:** Practica afirmaciones positivas que refuercen tu autoestima y te recuerden tu propio valor. Por ejemplo: *"Mi cuidado propio es esencial y merece mi atención"*.

■**Exploración emocional:** Mantén un diario de tus pensamientos y emociones relacionadas con tus relaciones y patrones de cuidado. Esto te ayudará a identificar tendencias y áreas de mejora.

Querida lectora, si estás dispuesta a abrazar tu valía y liberarte de la trampa de ser la salvadora, estás en el camino hacia una relación contigo misma más saludable y gratificante. ¡Eres la co-creadora de tu historia, y este es el capítulo en el que te empoderas para vivir una vida donde el cuidado y el amor propio son tus cimientos más sólidos!

¿cómo te calificarías en términos de autoestima y amor propio? (1 siendo muy bajo, 10 siendo muy alto)

1   2   3   4   5   6   7   8   9   10

💡 El amor propio es una práctica diaria. Con cada pensamiento amoroso y acción de autocuidado, estás construyendo un vínculo más profundo y amoroso contigo misma.

Búsqueda de familiaridad: Para algunas personas, la familiaridad de una relación tóxica puede ser más atractiva que lo desconocido de una relación saludable. Pueden sentirse más cómodos con la dinámica tóxica que con una relación más saludable, especialmente si nunca han experimentado una relación saludable antes.

Falta de habilidades para las relaciones: Algunas personas pueden no tener las habilidades necesarias para establecer relaciones saludables, lo que puede hacer que se sientan más cómodas en una relación tóxica. Pueden no saber cómo establecer límites o comunicarse de manera efectiva, lo que puede llevar a relaciones tóxicas.

Es importante comprender que estas son solo algunas posibles explicaciones de por qué las personas pueden involucrarse en relaciones tóxicas. Cada situación es única y puede haber otras razones que expliquen por qué una persona se siente atraída por una pareja tóxica.

¿Cómo evitar las relaciones tóxicas?

Todos queremos amor y conexión, pero a veces nos encontramos en relaciones que nos hacen sentir mal en lugar de hacernos sentir amados y apreciados. Las relaciones tóxicas pueden ser emocionalmente agotadoras y perjudiciales para nuestra salud mental y física. Afortunadamente, hay formas de evitar caer en relaciones tóxicas. Aquí hay algunos ejemplos de patrones que debemos evitar:

No te conformes con menos de lo que mereces: Muchas personas entran en relaciones tóxicas porque no creen que merecen algo mejor. A veces, se sienten solos y aceptan cualquier tipo de atención, incluso si es negativa. Es importante recordar que mereces amor y respeto, y que no debes conformarte con menos.

Aprende a reconocer los signos de una relación tóxica: Algunos signos incluyen control, celos, críticas constantes, violencia física o verbal, y falta de confianza.

Te animo a aprender sobre la dinámica del abuso, especialmente cómo operan los narcisistas y maltratadores en las relaciones. Conocer estas señales y patrones te brindará una comprensión más profunda de tu situación y te capacitará para tomar decisiones informadas.

Ahora te toca a ti:

■**Investiga sobre narcisismo y maltrato:** Dedica tiempo a investigar cómo funcionan los narcisistas y maltratadores en las relaciones. Esto te ayudará a identificar patrones y comportamientos manipuladores.

■**Observa las señales de alerta:** Presta atención a las señales de que podrías estar en una relación con un narcisista. Estas señales pueden incluir una falta de empatía, manipulación emocional y una necesidad constante de atención.

■**Confía en tu intuición:** Si tienes sospechas de que tu pareja podría ser un narcisista, confía en tu intuición. A menudo, nuestras emociones y sentimientos instintivos nos indican la verdad.

Identifica a una pareja narcisista

Herramienta para identificar una posible pareja narcisista y tomar decisiones informadas:

☐ ¿Mi pareja muestra un patrón constante de operaciones en sí mismo y búsqueda de atención y admiración?

_____

_____

_____

_____

2. ¿Siento que mi pareja utiliza la manipulación o la crítica para controlar mis acciones y emociones?

_____

_____

_____

_____

3. ¿Mis necesidades y deseos son consistentemente ignorados o minimizados en la relación?

_____

_____

_____

_____

_____

¡Estoy aquí para respaldarte en este proceso!

Aprender sobre la dinámica del abuso es un paso poderoso hacia la autocomprensión y la toma de decisiones conscientes en tu viaje hacia la sanación.

CAPÍTULO 5

Rompe las cadenas de las creencias limitantes y despliega tus alas hacia un horizonte ilimitado de posibilidades y transformación.

Explorando los patrones de conducta que nos mantienen en relaciones tóxicas

Las relaciones tóxicas a menudo parecen seductoras al principio, pero una vez que se fundamentan, pueden ser difíciles de terminar. A menudo, nos encontramos atrapadas en patrones de conducta que nos mantienen en relaciones tóxicas, incluso cuando sabemos que no son saludables para nosotras.

Los patrones de conducta son comportamientos repetitivos que surgen de nuestras experiencias pasadas, creencias y emociones. En términos de relaciones tóxicas, los patrones de conducta pueden ser muy poderosos y mantenernos involucradas en relaciones dañinas.

Aquí hay algunos patrones de conducta comunes que nos mantienen atrapadas en relaciones tóxicas:

La dependencia emocional: La dependencia emocional es un patrón de conducta común que puede mantener a las personas en relaciones tóxicas. A menudo, estas personas sienten que no pueden vivir sin su pareja, lo que les hace aceptar comportamientos tóxicos o abusivos.

Patrones familiares: Los patrones familiares también pueden influir en la forma en que elegimos parejas. Si crecimos en un hogar disfuncional o tóxico, podemos estar acostumbrados a ese tipo de dinámica y buscar parejas similares.

Miedo a la soledad: El miedo a la soledad también puede ser un factor en la elección de una pareja tóxica. Podemos sentirnos más cómodos en una relación tóxica que estando solos.

Creencias limitantes: Las creencias limitantes también pueden influir en la elección de una pareja tóxica. Podemos creer que no hay nadie mejor disponible para nosotros o que nunca podremos encontrar una relación saludable.

Es importante explorar estas creencias y patrones de conducta para poder liberarnos de ellos y establecer relaciones saludables.

Ahora que hemos identificado algunos patrones de conducta comunes que nos mantienen en relaciones tóxicas, es importante aprender cómo establecer límites saludables y comunicarnos de manera efectiva para establecer vínculos sanos.

Ahora te toca a ti:

Estableciendo relaciones saludables

Las relaciones saludables son aquellas en las que ambas personas se sienten valoradas, respetadas y apoyadas. Para establecer una relación saludable, es importante aprender a comunicarse de manera efectiva, establecer límites saludables y practicar el cuidado personal.

Aquí hay algunos consejos para hacerlo:

■**Reflexiona sobre tu pasado:** Reflexiona sobre tus relaciones anteriores y la dinámica de tu hogar durante tu infancia. ¿Qué patrones de conducta notas? ¿Cómo influyeron en la elección de parejas tóxicas?

_____

_____

_____

_____

■**Identifica tus patrones de conducta:** Identifica los patrones de conducta que te mantienen atrapada en una relación tóxica. ¿Qué comportamientos te llevan a aceptar una relación dañina? ¿Cómo pueden estos patrones afectar tu capacidad para establecer límites saludables?

_____

_____

_____

_____

■**Trabaja en tus habilidades para establecer límites:** Aprende a establecer límites claros y a comunicarte de manera efectiva con tu pareja. Comienza por identificar tus límites personales y asegúrate de que tus valores y necesidades sean respetados en la relación. Recuerda que unos límites sólidos son los pilares de una relación saludable y equilibrada. ¿Cuáles son los tuyos?

LIBRE DE RELACIONES TÓXICAS

_____
_____
_____
_____
_____

■**Identifica tus creencias limitantes:** Identifica las creencias limitantes que puedas tener sobre ti misma y sobre las relaciones. ¿Qué te impide buscar una relación saludable? ¿Qué crees que mereces en una relación?

_____
_____
_____
_____

Te presento algunos patrones de conducta que pueden llevar a una mujer a parejas tóxicas:

El caso de Sofía

Sofía siempre se siente atraída por hombres que son emocionalmente distantes. A pesar de que quiere una relación amorosa y comprometida, siempre elige a los hombres que no están dispuestos a comprometerse emocionalmente. Cuando finalmente logra establecer una relación, siente que tiene que esforzarse mucho más que su pareja para mantener el vínculo. Siempre termina sintiéndose sola y poco valorada.

A su vez, siempre se siente atraída por hombres que tienen problemas con la adicción. Sofía piensa que puede ayudar a superar sus problemas y que su amor será suficiente para cambiarlos. Sin embargo, termina sintiéndose agotada y poco valorada cuando sus parejas recaen en sus adicciones. Finalmente, como le ha pasado más de una vez, se siente atrapada en un ciclo interminable de intentar ayudar a su pareja y luego sentirse decepcionada cuando ve que no lo consigue.

El caso de María

María siempre se siente atraída por hombres que son controladores y celosos. Al principio, le gusta la atención que recibe de su pareja, pero pronto se siente sofocada y restringida en la relación. Sin embargo, en lugar de establecer límites saludables, María cede a las demandas de su compañero. Se siente atrapada en una relación que no la hace feliz, pero no sabe cómo salir.

Lo peor de todo es que no le ha pasado solo una vez, sino que se trata de un patrón recurrente y repetitivo en su vida, en el que ella comienza a ceder lentamente y sin darse cuenta hasta que, un día, despierta siendo una presa de una relación en la que se encuentra sometida.

Estos son solo algunos ejemplos de patrones de conducta que pueden llevar a una mujer a elegir parejas tóxicas. Al explorar estos patrones y aprender nuevas habilidades para establecer límites y comunicarnos de manera efectiva, podemos aprender a establecer relaciones más saludables y satisfactorias.

Mi querida lectora, cuánto admiro tu crecimiento, transformación y aprendizaje. Conozco la complejidad de adentrarse en los misterios del corazón humano, en ese terreno donde el amor y el desamor entrelazan sus hilos con una danza cautivadora y, a veces, desconcertante. Por eso, te dejaré un breve video en el que te doy unos tips para que puedas reconocer si hay amor en ese vínculo. Para verlo, haz clic en el siguiente enlace o escanea el código QR.

La fase de atracción nos seduce como un hechizo encantador. Somos mariposas revoloteando alrededor de la llama, cautivadas por una química incandescente. Y quién puede culparnos, ¿verdad? Es como estar en una montaña rusa emocional con un cartel que dice "¡Bienvenidos a la locura!".

Pero aquí está el truco: al final del día, toda montaña rusa tiene una estación de descenso. Ahí es donde entra la fase de desencanto, un territorio en el que las mariposas pueden parecer murciélagos, y los cuentos de hadas se topan con la realidad cotidiana. Es en este punto, donde los cuatro jinetes del apocalipsis de las relaciones, empiezan a asomar sus cabezas: la crítica, el desprecio, la actitud defensiva y el distanciamiento emocional. ¡Qué cuarteto tan encantador! ¿verdad? Bueno, si consideras la ironía como encanto.

Te invito a que utilices tu poder de imaginación y que veas los cuatro jinetes del apocalipsis como invitados no deseados en una fiesta romántica. La crítica se sienta en un rincón, murmurando sus juicios ácidos; el desprecio, con su mirada manda lanzas de desdén desde la barra; la actitud defensiva está siempre a la espera de una discusión, como si trajera palomitas a una función; y el distanciamiento emocional... bueno, ese parece estar perdido en su propio mundo, probablemente actualizando su perfil en alguna red social.

Ahora te toca a ti:

Herramienta de autoevaluación

Navegando por las fases y jinetes de tu relación

Una vez más, te invito a una autoevaluación sincera y reflexiva sobre tu relación. Esto no es un diagnóstico, sino una brújula para que puedas ubicarte en el viaje emocional que estás viviendo. Te ayudará a identificar patrones y señales que pueden estar presentes en tu vínculo. Recuerda que la toma de conciencia es el primer paso hacia la transformación.

Fase de Encandilamiento (Encantamiento previo):

- [ ] ¿Sientes que la relación está en una especie de burbuja mágica donde todo es perfecto?

_____

2 ¿Las emociones positivas son intensas y dominan tus pensamientos?

_____

_____

3 ¿Tienes la sensación de que tu pareja es perfecta en todos los sentidos?

_____

_____

4 ¿Las pequeñas diferencias o desacuerdos se minimizan o se ignoran fácilmente?

_____

_____

Fase de Pérdida de libertad:

LIBRE DE RELACIONES TÓXICAS

1. ¿Has notado que cada vez más decisiones requieren consultas y acuerdos conjuntos?

_____

_____

2. ¿Sientes que hay áreas de tu vida personal que están siendo influenciadas o controladas por la relación?

_____

_____

3. ¿Experimentas conflictos o discusiones en torno a la distribución de tareas y responsabilidades?

_____

_____

4. ¿Algunas de tus actividades o intereses personales se han visto reducidas desde que estás en esta relación?

_____

_____

Fase de Pérdida de una misma por amor (o en nombre del amor):

1. ¿Has cambiado tu comportamiento o apariencia para complacer a tu pareja?

_____

_____

2. ¿Sientes que estás cediendo demasiado a favor de la relación?

_____

_____

3. ¿Te encuentras sacrificando tus propias necesidades y deseos para mantener la armonía?

_____

_____

4. ¿Has dejado de lado actividades o amistades que solían ser importantes para ti?

_____

_____

Fase de Desconexión interna:

1. ¿Las discusiones se vuelven repetitivas y parece que no llegan a una solución?

_____

_____

2. ¿Sientes que hay una falta de emoción y conexión emocional en la relación?

_____

_____

3. ¿Algunos de los problemas se ignoran o evitan en lugar de abordarlos?

_____

_____

4. ¿Notas que están pasando más tiempo separados/as emocionalmente, incluso cuando están juntos/as básicamente?

_____

_____

Fase de Mutación:

1. ¿Los desacuerdos se intensifican y se vuelven más frecuentes?

_____

_____

2. ¿Sientes que la relación se está volviendo más tensa y hostil?

_____

_____

3. ¿Experimentas una sensación constante de infelicidad o insatisfacción en la relación?

_____

_____

4. ¿Notas que los problemas de la relación están afectando tu bienestar emocional y mental?

_____

_____

Patrones de los Cuatro jinetes de la relación (Crítica, Desprecio, Actitud Defensiva, Distanciamiento Emocional):

1. ¿Te encuentras criticando o juzgando a tu pareja con frecuencia?

_____

_____

2. ¿Utilizas sarcasmo o burlas hacia tu pareja?

_____

_____

3. ¿Tienes la tendencia de poner excusas o defenderte en lugar de escuchar y entender a tu pareja?

_____

_____

4 ¿Te sientes emocionalmente distante o desconectada de tu pareja?

_____

_____

Si identificaste señales de una o varias fases y patrones en tu relación, recuerda que esto es un paso hacia la toma de conciencia. No estás sola en este proceso. Si sientes que necesitas apoyo adicional para trabajar en tu relación, considera buscar ayuda de profesionales capacitados, como terapeutas o consejeros. La transformación es posible cuando eliges tomar acción y priorizar tu bienestar emocional y el de tu relación.

¡El viaje hacia relaciones más saludables y enriquecedoras comienza con un primer paso!

LIBRE DE RELACIONES TÓXICAS

CAPÍTULO 6

En el lienzo del amor, tracemos pinceladas de confianza, esculpamos formas de respeto y tejamos hilos de empatía, creando así una obra maestra de relaciones auténticas y eternas.

El arte de cultivar relaciones saludables: Transformando lo tóxico en tesoros

En este capítulo nos adentraremos en el fascinante mundo de la transformación. Sí, esa magia que convierte una relación que puede haber comenzado torcida en un vínculo sólido y vibrante.

Puede que ahora estés pensando: "¿Cómo diablos lograré eso?", pues es aquí donde desentrañaré los secretos de lo que hace que una relación sea sana, duradera y ¡hasta divertida!

Una relación saludable es como una planta floreciente. Requiere amor, cuidado, paciencia y, en ocasiones, un poco de poda. Imagina que tu relación es un jardín mágico donde cultivan juntos el amor y la confianza. Aquí te presento un mapa para guiarte a través de las características esenciales de una relación saludable:

La esencia de una relación saludable

Una relación saludable es aquella donde prevalece la armonía, el respeto mutuo, y una comunicación honesta y abierta. Es un vínculo donde cada individuo se siente valorado, comprendido y apoyado. En estas relaciones, los conflictos no son motivo de temor, sino oportunidades para fortalecer el vínculo a través del entendimiento mutuo.

Bienestar personal: Las relaciones saludables son un pilar fundamental para el bienestar personal. Proporcionan un entorno seguro donde podemos ser nosotros mismos sin miedo al juicio. Este tipo de relación fomenta el crecimiento personal, pues al sentirnos apoyados y comprendidos, nos atrevemos a explorar nuevas facetas de nuestra personalidad y a enfrentar desafíos que antes nos parecían inalcanzables.

Crecimiento profesional: En el ámbito profesional, las relaciones saludables son igualmente cruciales. Un entorno laboral donde reina el respeto y la colaboración no solo aumenta la productividad, sino que también promueve la creatividad y la innovación. Las relaciones profesionales basadas en la confianza y el apoyo mutuo conducen a un mayor compromiso y satisfacción en el trabajo.

Características clave de una relación saludable:

Comunicación efectiva: La capacidad de expresar sentimientos, necesidades y preocupaciones de manera clara y respetuosa.

Respeto mutuo: Reconocer y valorar las diferencias y límites del otro.

Confianza: La seguridad en la integridad y el apoyo del otro, esencial para la vulnerabilidad y la conexión emocional.

Apoyo mutuo: Estar presente en los momentos buenos y malos, celebrando los éxitos y ofreciendo consuelo en los desafíos.

Construyendo relaciones saludables

Para construir una relación saludable, es fundamental trabajar en una misma. El autoconocimiento y la autoestima son la base desde la cual podemos relacionarnos de manera sana con los demás. También es clave la disposición para adaptarse y crecer juntos, entendiendo que las relaciones son un viaje compartido, no un destino fijo.

Comunicación abierta y auténtica: En lugar de dar vueltas en círculos, hablen sobre lo que realmente sienten y piensan. La comunicación honesta es el abono que nutre las raíces de su relación.

Respeto mutuo: Cada uno es una pieza única del rompecabezas. Aprecien sus diferencias y apoyen sus sueños. Traten a su pareja como el artífice valioso que es.

Confianza firme: Construyan un puente de confianza y crucen juntos. La confianza es el vínculo que mantiene su relación a flote, incluso en aguas turbulentas.

Independencia sana: Crecer en conjunto no significa perderse en el proceso. Mantengan su individualidad y apoyen el crecimiento personal del otro.

Equilibrio en la toma de decisiones: El jardín prospera cuando ambos aportan su voz y toman decisiones juntos. No dejen que uno riegue demasiado mientras el otro se queda a la sombra.

Afecto y cariño: Las muestras de amor, desde un simple gesto hasta una declaración apasionada, son la luz solar que nutre su relación.

Espacio para el crecimiento: Dejen espacio para que sus sueños y objetivos florezcan.

Permitan que su relación evolucione y se adapte a los cambios de la vida.

Apoyo incondicional: Están ahí el uno para el otro en las risas y las lágrimas. Ser un compañero de vida significa ser un fan incondicional.

La clave para mantener una relación saludable no es solo tener una buena cosecha, sino también saber cómo cuidarla y hacerla prosperar con el tiempo. Aquí están algunos consejos para mantener la chispa viva y el jardín floreciente:

🖤**Cultivar la comunicación**: Mantengan esas líneas de comunicación abiertas. Escuchen activamente y practiquen la empatía.

🖤**Citas y sorpresas:** Nunca subestimen el poder de una cita sorpresa o un gesto amoroso. Mantengan viva la llama de la emoción.

🖤**Gestión de conflictos:** No eviten los desacuerdos, aborden los problemas con respeto y busquen soluciones juntos.

🖤**Crecimiento conjunto:** Busquen oportunidades para aprender y crecer juntos. Cursos, talleres o incluso un nuevo pasatiempo puede fortalecer su vínculo.

🖤**Espacios individuales:** Reserven tiempo para sus propias pasiones y actividades. Recuerden que cada uno es un individuo único y valioso.

Querida artífice de relaciones saludables, el arte de transformar relaciones tóxicas en tesoros no es un camino fácil, pero es un camino digno de recorrer. Como verdadera jardinera emocional, tienes el poder de podar lo que no sirve y nutrir lo que florece. ¡Así que adelante, continúa construyendo un jardín de amor y crecimiento, y observa cómo florece en una obra maestra duradera y llena de vida!

Ahora te toca a ti:

Herramienta para resolver conflictos y mejorar la comunicación

El Puente de la comprensión

Objetivo: Esta herramienta está diseñada para ayudar a las parejas a resolver conflictos y mejorar su comunicación, utilizando principios de la Programación Neurolingüística (PNL) y técnicas de terapia breve.

Proceso Paso a Paso:

Identificación del conflicto: Cada persona describe el conflicto desde su punto de vista, sin interrupciones ni juicios.

Se enfatiza en la importancia de usar "Yo siento" en lugar de "Tú haces".

Reconocimiento de patrones de comunicación: Identificar patrones lingüísticos negativos: generalizaciones, distorsiones y omisiones.

Reemplazar estos patrones con afirmaciones claras y específicas.

Ejercicio del cambio de posiciones: Cada persona se sitúa físicamente en el lugar de la otra y repite lo que ha entendido del punto de vista contrario.

Este ejercicio fomenta la empatía y la comprensión.

Reencuadre: Se utiliza la técnica del reencuadre para cambiar la percepción del problema.

Por ejemplo, en lugar de ver un conflicto como un fracaso, se puede reinterpretar como una oportunidad para crecer y aprender.

Anclaje de estados positivos: Utilizar anclajes (como tocar suavemente el hombro del otro) para evocar recuerdos de momentos felices y tranquilos.

Esto ayuda a reducir la tensión y a crear un ambiente más positivo para la comunicación.

Solución de problemas orientada a objetivos: Enfocarse en soluciones específicas y prácticas, evitando revivir conflictos pasados.

Establecer objetivos claros para la mejora de la relación.

Compromiso y plan de acción: Ambas partes se comprometen a implementar las soluciones acordadas.

Se establece un plan de acción con pasos concretos y una fecha para revisar el progreso.

Reflexión final y retroalimentación: Al finalizar el ejercicio, cada persona comparte cómo se sintió durante el proceso y qué aprendió.

Se da espacio para expresar agradecimiento y reconocimiento por el esfuerzo del otro.

Uso de la herramienta: Esta herramienta se puede utilizar tanto en sesiones de terapia como en talleres de desarrollo personal. También puede ser una técnica valiosa para coaches y terapeutas que trabajan con parejas o individuos que buscan mejorar sus habilidades de comunicación.

Conclusión: "El Puente de la Comprensión" es más que una herramienta; es un camino hacia el entendimiento mutuo y una comunicación más efectiva y empática. Su práctica regular puede llevar a una relación más armoniosa y satisfactoria.

Comunicación efectiva

La comunicación es la base de cualquier relación saludable. Para comunicarte de manera efectiva, es importante escuchar activamente y expresarte de manera clara y directa. Aquí hay algunas estrategias para mejorar la comunicación en tus relaciones:

Escucha activamente: Presta atención a lo que tu pareja está diciendo sin interrumpir.

Haz preguntas claras para entender mejor su punto de vista.

Comunícate de manera clara: Usa un lenguaje claro y directo para expresar tus pensamientos y sentimientos. Evita culpar o juzgar a tu pareja.

Aprende a comprometerte: En cualquier relación saludable, es importante llegar a acuerdos y compromisos que satisfagan a ambas partes.

Establecimiento de límites saludables

Los límites saludables son necesarios para establecer relaciones sanas. Los límites son líneas que marcan tus necesidades, deseos y preferencias. Aquí hay algunas estrategias para establecer límites saludables en tus relaciones:

Identifica tus necesidades: Aprende a reconocer tus necesidades y establece límites claros para proteger tus necesidades y bienestar emocional.

Comunica tus límites: Una vez que hayas identificado tus límites, comunícalos a tu pareja.

Practica el cuidado personal: El cuidado personal incluye practicar la autoaceptación, la autoexpresión y el autocuidado. Asegúrate de cuidar tus propias necesidades mientras estás en una relación.

Autores que inspiran a forjar relaciones saludables:

Hay muchos autores relevantes en el mundo de las relaciones saludables, algunos de ellos son son los siguientes:

John Gottman: Gottman es un psicólogo estadounidense conocido por su trabajo en terapia de parejas. Él ha identificado los cuatro jinetes del apocalipsis en las relaciones (crítica, desprecio, actitud defensiva y actitud evasiva) y ha desarrollado estrategias para superar estos patrones negativos.

Brené Brown: Brown es una autora y oradora pública estadounidense que ha escrito sobre la vulnerabilidad, el coraje y la vergüenza. Su trabajo ha sido fundamental para comprender cómo la vulnerabilidad y la honestidad son importantes en las relaciones saludables.

Esther Perel: Perel es una psicoterapeuta belga que ha escrito sobre la infidelidad y la sexualidad en las relaciones. Su trabajo ha ayudado a las personas a comprender cómo la comunicación efectiva y la comprensión de las necesidades emocionales y sexuales pueden mejorar las relaciones.

No te olvides que para establecer relaciones saludables, es importante comunicarse de manera efectiva, establecer límites saludables y practicar el cuidado personal. Aprender de los autores y expertos en el tema también puede ayudar a comprender mejor cómo construir relaciones más saludables y satisfactorias.

El caso de Luisana

Ahora permíteme presentarte a Luisana, una valiente protagonista de su propia historia de transformación. Luisana solía bailar en la sombra de una relación que se sustentaba en la crítica y el desprecio. Pero en el horizonte de su existencia, vislumbró una nueva aurora: la posibilidad de romper las cadenas que la ataban y de descubrir una versión empoderada de sí misma.

El camino hacia relaciones saludables no siempre es un sendero llano y despejado. Para esta mujer, la senda comenzó en su propio interior. Tomar acción significó enfrentar miedos arraigados, desafiar la culpa y liberarse de la pena de dejar atrás una relación de años. Pero en ese proceso, ella no solo se deshizo de cadenas tóxicas, sino que también se descubrió merecedora de amor y respeto.

La historia de Luisana es como un capítulo extraído de un libro de autoayuda, pero con la belleza cruda de la vida real. Aprendió que las relaciones saludables no son solo un espejismo, sino una posibilidad tangible. Transformó sus cicatrices en medallas de honor y, con pasos decididos, se embarcó en un viaje hacia la recuperación y el autodescubrimiento.

Ella entendió que el amor propio es el nacimiento de cualquier relación fructífera. Antes de entrelazar su vida con otra persona, se dio el regalo de tiempo para conocerse profundamente. Aprendió a detectar los destellos de patrones tóxicos incluso antes de que echaran raíces. Y así, antes de comprometerse con una nueva relación, aseguró que estaría basada en pilares de comunicación.

Herramienta "Conexión Consciente"

Objetivo: Esta herramienta está diseñada para fortalecer la conexión y la consciencia en las relaciones, combinando técnicas de mindfulness con estrategias de coaching transformacional a través de tu acompañamiento como compañera de responsabilidad (Accountability coach).

Proceso paso a paso:

Ejercicio de atención plena en pareja: Uno habla durante 5 minutos sobre su día, sus sentimientos o pensamientos, mientras el otro escucha activamente, sin interrumpir.

Luego se intercambian los roles. El objetivo es practicar la escucha consciente y la empatía.

Diario de gratitud compartido: Cada día, ambos escriben y comparten algo por lo que están agradecidos en su relación.

Este ejercicio refuerza los aspectos positivos y fomenta una actitud de gratitud.

Visualización de objetivos de relación: Realiza una sesión de visualización enfocada en visualizar juntos los objetivos y sueños de la relación.

Después de la visualización, comparte tus pensamientos y sentimientos.

Práctica de afirmaciones positivas: Crear afirmaciones positivas sobre la relación y repetirlas juntos diariamente.

Ejemplo: "Juntos, crecemos en amor y comprensión cada día".

Feedback constructivo y asertivo: Utiliza una sesión semanal para ofrecer feedback constructivo sobre la relación, siempre desde una perspectiva de amor y respeto.

Aplica técnicas de comunicación asertiva y evita críticas destructivas.

Ejercicio de resolución de conflictos: En momentos de desacuerdo, toma un breve descanso para respirar profundamente y centrarte antes de responder.

Practica responder desde un lugar de calma y comprensión, no de reactividad.

Práctica de compromiso y acción: Establezcan juntos compromisos pequeños pero significativos para mejorar la relación cada semana.

Revisen juntos el progreso y celebren los logros.

Reflexión y retroalimentación: Al final de cada semana, dediquen tiempo para reflexionar sobre lo aprendido y sentir cómo ha evolucionado la relación.

Aprecien los esfuerzos mutuos y expresen cómo estas prácticas están mejorando su conexión.

Conclusión: La "Conexión Consciente" no es solo una herramienta, sino un camino hacia una relación más profunda y significativa. A través de la práctica regular de estas técnicas, las parejas pueden alcanzar un nivel más alto de comprensión, amor y conexión.

LIBRE DE RELACIONES TÓXICAS

CAPÍTULO 7

En el jardín de relaciones saludables, cada abrazo es un abono, cada palabra es un pincelazo de amor y cada mirada es un reflejo de respeto.

Los hilos invisibles del vínculo: La ciencia de las relaciones saludables

En este capítulo nos sumergiremos en la maravillosa ciencia que subyace en la construcción de conexiones sólidas y auténticas. La comunicación abierta y auténtica es el elemento clave que nutre las raíces de una relación saludable. Acompáñame mientras exploramos las señales que indican que estás en el camino correcto y cómo puedes evaluar y mejorar tus vínculos.

Imagina que las palabras son los ladrillos con los que construyen el puente que une sus mundos emocionales. Una relación saludable se cimienta en la comunicación abierta y auténtica, una fuerza invisible pero poderosa que une corazones y mentes. Dejen que las palabras fluyan como ríos claros y sin obstrucciones, llevando consigo la verdad, las esperanzas y los temores.

La comunicación honesta es el abono que nutre las raíces de su relación. Aquí están algunas señales que les indican que están navegando por aguas de una relación saludable:

Conversaciones profundas: En lugar de quedarse en la superficie, se adentrarán en conversaciones significativas sobre sueños, deseos y preocupaciones. Comparten sus pensamientos más íntimos sin temor al juicio.

Escucha empática: Cuando uno habla, el otro presta atención genuina. No solo escuchan las palabras, sino que intentan comprender los sentimientos y la perspectiva detrás de ellas.

Respeto y empatía: Aprecian las diferencias y se esfuerzan por entender cómo se siente el otro. No invalidan ni minimizan los sentimientos de su pareja.

Honestidad sin filtros: Pueden hablar abiertamente sobre sus emociones y necesidades, incluso si eso significa admitir sus propias vulnerabilidades.

Solución de conflictos constructiva: Cuando surge un desacuerdo, buscan soluciones juntos en lugar de culparse mutuamente. Aprenden y crecen a través de los desafíos.

Apoyo incondicional: Están presentes en los momentos buenos y malos, brindando apoyo y ánimo sin condiciones.

Comunicación no verbal positiva: No solo se trata de palabras, sino también de lenguaje corporal y gestos que transmiten cariño y respeto.

Celebración de logros: Celebran los logros y éxitos del otro como si fueran propios. Comparten la alegría en los hitos alcanzados.

Ahora te toca a ti:

Descubre si tu relación está en camino hacia la salud

Herramienta de autoevaluación para ayudar a determinar si tu relación está en camino hacia la salud o si necesita un poco de nutrición. Toma un momento para reflexionar sobre las siguientes preguntas:

1. ¿Nos sentimos cómodos/as compartiendo nuestros pensamientos y sentimientos más profundos?

_____

_____

_____

_____

2. ¿Escuchamos activamente cuando el otro/a habla, sin interrumpir ni juzgar?

_____

_____

_____

LIBRE DE RELACIONES TÓXICAS

_____

_____

3. ¿Demostramos respeto y empatía incluso cuando no estamos de acuerdo?

_____

_____

_____

_____

4. ¿Somos honestos/as sobre nuestras necesidades y emociones, sin ocultar nada?

_____

_____

_____

_____

LIBRE DE RELACIONES TÓXICAS

_____

5 ¿Afrontamos los conflictos de manera constructiva, buscando soluciones en equipo?

_____

_____

_____

_____

6 ¿Nos apoyamos mutuamente en los altibajos de la vida?

_____

_____

_____

_____

LIBRE DE RELACIONES TÓXICAS

7 ¿Nuestra comunicación no verbal refleja amor y conexión?

8 ¿Celebramos los éxitos y logros del otro/a como victorias compartidas?

Como artífice de relaciones saludables, tienes el poder de nutrir y cultivar tu vínculo. Si alguna de estas áreas presenta un desafío, están en el camino correcto al reconocerlo y estar dispuest@s a trabajar en ello. La comunicación auténtica es el hilo dorado que puede transformar una relación y elevarla a nuevos horizontes de amor y comprensión mutua.

LIBRE DE RELACIONES TÓXICAS

"Cultivemos vínculos que florezcan en la luz del entendimiento y se fortalezcan con el riego constante de la comunicación sincera. Porque en el terreno fértil del amor y el respeto, cada día es una oportunidad para construir un edén de conexiones genuinas y eternas"

Joanaina Barceló

LIBRE DE RELACIONES TÓXICAS

DESPEDIDA

El rol fundamental de las coaches de relaciones tóxicas

En la sociedad actual, ser coach de relaciones tóxicas es una misión que va mucho más allá de intervenir cuando una relación está rota o ha entrado en una etapa de conflicto. La verdadera importancia de este rol radica en la educación temprana, la prevención y la promoción de la igualdad y la coeducación. Como educadores, mediadores familiares y expertos en relaciones tóxicas, tenemos la responsabilidad de actuar proactivamente para erradicar estereotipos de género y fomentar relaciones saludables desde la infancia.

La prevención de relaciones tóxicas no empieza cuando los problemas ya son evidentes. Empieza mucho antes, en la infancia y adolescencia, dentro del entorno familiar y educativo. Es vital que padres, profesores y coaches enseñen a los niños y jóvenes sobre la importancia de la igualdad, el respeto y la corresponsabilidad en las relaciones.

La coeducación es un enfoque pedagógico que promueve la igualdad de género desde una edad temprana, inculcando valores de respeto mutuo y equidad entre niños y niñas. A través de actividades y enseñanzas que desafían los estereotipos de género, podemos formar a una generación que valore las relaciones basadas en el respeto y la igualdad.

Las estadísticas sobre la violencia y el control en las relaciones adolescentes son alarmantes y resaltan la urgente necesidad de intervención temprana:

4004 adolescentes entre 14 y 17 años han reportado estar en relaciones de control o violencia.

Un 80% de los adolescentes ha tenido relaciones de pareja y ha sufrido alguna forma de relación tóxica.

Tanto chicos como chicas están afectados por estas dinámicas, con muchos jóvenes atrapados en roles de víctima y perpetrador simultáneamente.

Estas cifras no solo reflejan un problema de relaciones individuales, sino una carencia sistémica en la educación emocional y en los valores de igualdad.

Una profesional que se dedica a las relaciones tóxicas debe ser también experta en autoestima, pues es la base fundamental para poder trabajar con las personas que han sufrido en carne propia las vivencias de una relación de este tipo, la cual viene cargada de humillaciones, agravios y limitaciones.

Tras un vínculo de maltrato constante y de diversos tipos, una persona queda muy dañada, desconociendo su valor y habiendo perdido su amor propio y auto-respeto.

Por lo tanto, lo primero que va a tener que hacer la profesional ante una persona víctima de una relación tóxica, será ==devolverle la confianza para que pueda sanar su relación consigo misma y conectar con su amor propio==, para así poder tener el coraje, la valentía y la fuerza de tomar decisiones empoderantes, para salir de esa situación y de ese bucle tóxico.

El trabajo no terminará allí. Ya que después de obtener la fuerza necesaria para salir, necesitará aún más fuerza para sanar, perdonar y soltar, para no quedarse estancada en el victimismo y en la lamentación.

Por ello, una experta en relaciones tóxicas debe acompañar, guiar en todo el proceso de sanación, dar apoyo y motivación incondicional y estar presente durante el proceso, no es un simple coach generalista, no solo hace preguntas poderosas, porque sabe que las respuestas las tenemos todos en nuestro interior y que para poder enseñarle el camino, debemos empezar por hacerle tomar la responsabilidad de sus acciones, del cambio que necesita y que en el fondo lo sabe.

Una coach o experta puede ofrecer todas las herramientas y estrategias posibles pero sin la responsabilidad, el compromiso y la implementación empática y activa de las las herramientas que llamen a la acción, no habrá resultados.

La misión de una coach de relaciones tóxicas va un paso más allá, es una coach de responsabilidad, lo que se llama "accountability coach". Esta es una profesión a la vanguardia, proveniente de los Estados Unidos, donde es una figura muy utilizada en muchos ámbitos profesionales para la consecución de logros, por ese motivo, de manera innovadora y siendo de las pioneras dentro de esta rama de las relaciones, he creado un método, fruto de mis tres disciplinas fundamentales: la Educación social, la Mediación familiar y el Coaching emocional. En él, estructuro las estrategias y herramientas para trabajar todas las áreas y hábitos que debemos conseguir movilizar, modificar y cambiar para llegar a la transformación de nuestros clientes y clientas y así consigan sus logros, alcancen sus metas, y encuentren sus propósitos.

Se trata de un método probado, porqué lo he utilizado en los programas y sesiones con mis clientas durante mucho tiempo tanto de manera presencial como en mis programas individuales y grupales de acompañamiento online dirigido mujeres que desean sanar su relación de pareja y conectarse con su amor propio para dejar de sufrir por amor, con más consciencia y libertad.

Al conectar con su amor propio, cada persona deja de perderse a sí misma por el camino del amor romántico, de esta manera viven las relaciones desde la interdependencia y nunca más desde la dependencia emocional.

A su vez, en mi programa de acompañamiento grupal ¡Elígete enamórate de tí! vamos directo a trabajar la autoestima, la confianza, eliminar los bloqueos mentales, a buscar ese propósito y la conexión con el amor propio.

A través de este programa fue que me he dado a conocer, pues es el que doy mediante conferencias por toda mi región, en "Casals de dones" subvencionados por el gobierno de España desde la cartera de igualdad, por el Consell de Mallorca y otras entidades públicas, en colegios privados y en IES de secundaria, para la prevención de conductas depresivas y prevención de conductas vulnerables consecuencia de una baja autoestima y poca o nula confianza en sí mismos, tan importante en esta edad.

También eso me ha llevado a ir a Holanda a crear mi propia Certificación como coach de relaciones tóxicas y hombres emocionalmente no disponibles para que otras mujeres aprendan esta profesión y puedan vivir de su misión de vida acompañando a otros en este camino, ayudando a mujeres víctimas de relaciones tóxicas y que han salido o salen con hombres emocionalmente no disponibles para que puedan conectarse con su amor propio y tomar las riendas de su vida y así transformar vidas y familias enteras.

Me siento inmensamente feliz de saber que has llegado hasta aquí y que me estás leyendo, porque este camino que elegí con pasión, ímpetu y verdadera vocación, se retroalimenta de cada mentora, coach, terapeuta, profesional del bienestar o mujer que ha pasado por estas vivencias dolorosas y que ahora se siente con ganas de ayudar a otra mujeres a que también lo puedan superar.

Desde la experiencia de cada una, sus propias habilidades, conocimientos y con mi certificación para aprender las herramientas adecuadas, estamos contribuyendo a salvar vidas y a transformar muchas familias, mientras nos damos a nosotras mismas la oportunidad de vivir de nuestra misión de vida, monetizar con nuestro salto cuántico al mundo online y tener una mayor libertad financiera.

Como coaches de relaciones tóxicas, nuestro trabajo es integral y multifacético. No solo intervenimos en momentos de crisis, sino que también desempeñamos un papel crucial en la prevención y educación. Aquí es donde radica nuestra verdadera misión:

Educación emocional: Enseñamos a los jóvenes a reconocer y gestionar sus emociones de manera saludable.

Promovemos la comunicación asertiva y el manejo de conflictos de forma respetuosa.

Fomento de valores de igualdad: Desafiamos y desmantelamos estereotipos de género que perpetúan la desigualdad y la violencia.

Promovemos la corresponsabilidad en las relaciones, donde ambas partes comparten equitativamente las responsabilidades y decisiones.

Prevención de la violencia: A través de talleres y programas educativos, enseñamos a los jóvenes a identificar los signos de una relación tóxica.

Trabajamos para construir una cultura de respeto y apoyo mutuo.

La intervención temprana es clave para prevenir que las relaciones tóxicas se conviertan en un patrón en la vida de los jóvenes. Al trabajar con adolescentes, podemos ayudarles a desarrollar relaciones saludables y equitativas desde el principio, evitando así ciclos de violencia y control en sus relaciones futuras.

Una misión de gran impacto social

Ser coach de relaciones tóxicas es una labor de enorme impacto social. No solo estamos aquí para ayudar a las personas a salir de relaciones destructivas, sino para educar, prevenir y promover valores que construyan una sociedad más justa e igualitaria. Nuestro trabajo tiene el poder de cambiar vidas y, en última instancia, transformar la cultura de relaciones en nuestra sociedad.

La tarea es monumental y la recompensa es inmensa. Al invertir en la educación emocional y la igualdad desde una edad temprana, estamos construyendo un futuro donde las relaciones saludables y respetuosas sean la norma, y no la excepción. ==Como coaches de relaciones tóxicas, nuestra misión es clara y vital: educar, prevenir y transformar.== Juntos, podemos hacer una diferencia significativa en la vida de los jóvenes y en la sociedad en general.

Un coach de relaciones no ayuda a conquistar parejas, pero sí a elevar la autoestima y las habilidades sociales y eso se verá reflejado en la actitud y es lo que hará que brille a los ojos de los demás y enamore.

Espero que cada herramienta, ejercicio y caso que detallo en este libro haya sido transformador para ti y que te inspire a alimentar tu amor propio, potenciar tu propósito y acompañar a otros en sus procesos de sanación. De ser así, te invito a dejar tu reseña en Amazon, la cual será de gran valor para mí para poder seguir creando y creciendo junto a ti.

Recuerda que puedes tener acceso a todos mis recursos a través de mi web: formacionaunclic.com y que además, puedes sumarte a mi comunidad de WhatsApp en la que serás más que bienvenida.

Con amor y gratitud,
Joanaina.

Made in the USA
Columbia, SC
23 August 2024